ELOGIOS PARA CÓMO SER TRANSFORMADO

"Si está buscando principios esenciales de la vida para su caminata personal y su vida pública, junto a la Biblia, haría bien en tener este libro en sus manos, en su mente y en su corazón. Tómalos hoy y vívalos mañana. Este mundo será un lugar mejor".

— LUIS BUSH, Transform World

"Como un joven legislador hace 30 años, un libro como este realmente me hubiera ayudado a diseñar políticas públicas para ayudar a producir los mejores resultados para las personas para las que fui elegido. Animo sinceramente a todos los que se ven a sí mismos como servidores públicos a leer esta gran obra".

— HON. HAL JONES,
Legislador del Estado de Hawaii (Ret.); Presidente, Global Hope (GHNI);
Presidente, Geneva Institute (GILPP)

"He sido testigo de primera mano de la pasión de Art Lindsley para facilitar la transformación espiritual entre las naciones. Sus pensamientos sobre este importante tema están bien articulados y presentados aquí en este libro. Beneficiará a todos, especialmente a las iglesias africanas donde la transformación es más necesaria en este momento".

— DR. PASTOR BEZALEM FISSEHA,
Ex Presidente y Presidente del Consejo, Emmanuel United Church of Ethiopia

"El Dr. Art Lindsley, desde una cosmovisión Judeo Cristiana, nos hace reflexionar de cómo la vida de Fe puede transversalizar la vida civil. Sus ensayos nos hacen pensar de la urgente necesidad de aplicar estos valores a nivel del liderazgo mundial, para la creación de sociedades más justas, éticas y transformadoras. Su pensamiento es actual y orienta en una sociedad que ha perdido la brújula moral para la toma de decisiones correctas desde una visión Cristiana. Recomiendo su lectura por su contenido académico, pero también sustentados en los principios bíblicos".

— RICARDO CASTILLO MEDINA,
Presidente, FRAHMAD (Fraternidad Hispana Mundial de Asambleas de Dios)

"El Dr. Art Lindsley a menudo ha compartido sus enseñanzas con nuestros líderes en América Latina. Este libro afirma que la transformación debe ser integral. No hay cambios profundos si estos no son abordados considerando todas las áreas de la vida. El Dr. Lindsley aborda de forma profunda y sencilla la manera como debe realizarse. Una contribución que aporta principios valederos para toda cultura. ¡Desde América Latina celebramos esta publicación!"

— PARRISH JACOME HERNANDEZ,
Director General, Unión Bautista Latino Americana

"El Dr. Art Lindsley entrega a América Latina y el Sur Global un libro que es al mismo tiempo un llamado a la reflexión y a la acción. Para ser transformacional estas dos disciplinas deben caminar juntas. Lideres de toda profesión y esfera cultural deben asimilar este contenido. Si su mundo es de familia, fe, gobernó, economía, educación, comunicaciones, y celebración de artes y deportes, esta cosmovisión es para usted. Los principios presentados en estas paginas pertenecen a todas las generaciones, ya que las generaciones transforman naciones. Si usted es persona de causa y pasión que es social, moral, y eterna, estos valores son fundamentales en vuestro peregrinaje y para vuestro destino".

— RICARDO LUNA,
Director Ejecutivo, ConEl (Fraternidad Evangélica Latina Global)

"Este gran aporte del Dr. Art Lindsley nos brinda muchos consejos para poder ejercer mejor la influencia en la vida pública. No ayuda a entender mejor el deseo de Dios para que su gracia pueda estar presente en las políticas públicas a través de sus hijos y bendecir a nuestra sociedad".

— DR. GERARDO AMARILLA,
Congresista por la Región Oriental del Uruguay; Presidente de la Cámara Emérita

"Este libro contiene ensayos muy importantes, que yo hubiera querido leer antes de entrar en la arena política. Lo recomiendo sin reservas para todo aquel que se sienta llamado al servicio público, tenga o no experiencia política".

— NAPOLEÓN ARDAYA,
Ex Diputado Nacional de Bolivia

CÓMO SER TRANSFORMADO

Principios para conectar la vida personal y pública

Art Lindsley

Traducido por Nayeli Riano
Editado por Napoleón Ardaya

© 2019 The Institute for Faith, Work & Economics

■ ■ ■

Todos los derechos reservados. Ninguna parte de este libro puede ser utilizada o reproducida por ningún medio, gráfico, electrónico o mecánico, incluyendo fotocopiado, grabación, o por cualquier sistema de recuperación de almacenamiento de información sin el permiso escrito del editor, excepto en el caso de citas breves incluidas en artículos críticos y reseñas. Las opiniones expresadas en este trabajo son exclusivas del autor. Debido a la naturaleza dinámica de Internet, cualquier dirección web o enlace contenido en este libro puede haber cambiado desde su publicación y puede que ya no sea válido.

Citas de las Escrituras tomadas de la versión Reina - Valera, revisión de 1960, de las Sociedades Bíblicas Unidas, a menos que se indique de otra manera. Copyright © Sociedades Bíblicas Unidas 1960. Utilizado con permiso.

Primera edición, 2019

ISBN: 978-0-9975369-6-6

Publicado por Institute for Faith, Work & Economics

8227 Old Courthouse Rd.

Suite 310

Tysons, VA 22182

www.tifwe.org

CÓMO SER TRANSFORMADO

Principios para conectar la vida personal y pública

CONTENIDO

Introducción 1

HACIENDO LA CONEXIÓN

CAPÍTULO 1 Lo Que la Imagen de Dios Significa para Nuestra
Dignidad y Nuestro Trabajo 5

CAPÍTULO 2 El Llamado a la Creatividad y el Evangelio 9

CAPÍTULO 3 Ocho Pasos Hacia el Camino de la Sabiduría 13

CAPÍTULO 4 ¿Cómo Encuentro Mi Llamado? 17

CAPÍTULO 5 Cuatro Consejos para Cultivar Carácter 21

CAPÍTULO 6 Saber, Sentir y Hacer 25

CAPÍTULO 7 ¿Quién está Haciendo el Trabajo de Dios? 31

CAPÍTULO 8 Razón y Imaginación: Herramientas para la Transformación 35

PRINCIPIOS PARA LA VIDA PÚBLICA

CAPÍTULO 9 Teología del Trabajo 43

CAPÍTULO 10 Lo Que la Biblia Dice sobre el Gobierno 47

CAPÍTULO 11 C. S. Lewis sobre la Codicia, el Egoísmo y el Interés Propio 51

CAPÍTULO 12 Propiedad Privada 55

CAPÍTULO 13 La Tentación del "Círculo Íntimo" 61

CAPÍTULO 14 Cinco Mitos sobre el Jubileo 65

CAPÍTULO 15 ¿El Libro de los Hechos Enseña Socialismo? 71

CAPÍTULO 16 El Progreso según C. S. Lewis 75

Notas Finales 79

Sobre el Autor 83

Sobre el Instituto para la Fe, el Trabajo y la Economía 85

INTRODUCCIÓN

E l apóstol Pablo instó a la iglesia de Roma a "... ser transformada por la renovación de sus mentes" (Romanos 12:2). Este llamado se extiende a todos los cristianos de hoy, pero la pregunta es, ¿cómo se ve la transformación real?

Este pequeño libro tiene contenido que puede transformar sus perspectivas sobre la vida, su vocación y sobre cómo interactuar en la vida pública. Es una colección de ensayos cortos que tienen un propósito unificado: proporcionar fundamentos para la transformación personal y pública. Ser transformados a la imagen de Cristo es un viaje de toda la vida. Este librillo nos proporciona principios esenciales para esa búsqueda.

El viaje comienza creyendo primeramente el evangelio del Señor Jesucristo, que fue crucificado por nuestros pecados y resucitó de entre los muertos. Entonces estamos llamados a crecer más en amor con él a través del estudio de su palabra, la oración, la comunión y el servicio.

Nuestra transformación se efectúa desde adentro hacia afuera. A medida que crecemos en Jesús, nuestra fe debe extenderse a todos los aspectos de nuestra vida, las relaciones, el matrimonio, la familia, la iglesia, el trabajo y el mundo. Estamos llamados a ser fieles a Jesús en todas estas esferas. En otras palabras, el Reino de Dios (el gobierno y el reinado de Dios) debe ser llevado en todas las esferas de la vida, tanto personales como públicas.

La primera mitad del libro da una visión panorámica de los principios que conectan la vida personal y pública la imagen de Dios, la creatividad, la sabiduría, el llamamiento, el carácter y un par de otros temas. La segunda mitad del libro se ocupa de temas clave para la vida pública, como el trabajo, el gobierno, la economía, la propiedad privada y el verdadero progreso. Cada uno de estos ensayos requiere leer y releer para que se integren a su vida cotidiana. Se pueden encontrar versiones más largas y detalladas de estos ensayos en: https://tifwe.org/research/.

Ruego que el Señor, por su Espíritu Santo, utilice este libro para establecer las raíces de una transformación personal que pueda extenderse en iglesias, ciudades y naciones florecientes para que "venga su reino, en la tierra como en el cielo" (Mateo 6:10). ■

HACIENDO LA CONEXIÓN

CAPÍTULO 1

LO QUE LA IMAGEN DE DIOS SIGNIFICA PARA NUESTRA DIGNIDAD Y NUESTRO TRABAJO

El temor número uno de la generación del milenio es vivir una vida sin propósito. En una reciente encuesta informal de estudiantes de la Universidad Regent en Virginia Beach, VA, el 27 por ciento de los estudiantes expresó ansiedad al considerar su vocación. "Temeroso", "inquieto", "inseguro", "confuso" y "muy preocupado", fueron palabras comunes para describir cómo se sentían acerca de su futura vocación.

Pero los estudiantes universitarios no son los únicos que luchan con su llamado. Muchos adultos tampoco logran descubrir su vocación en la vida. ¿Por qué es tan difícil encontrar esto que llamamos nuestra "vocación"?

Cuando uso las palabras "llamado" y "vocación", me refiero a lo que Os Guinness llama nuestro *llamado secundario*. Como señala Guinness, al igual que Lutero, Calvino y muchos otros reformadores, nuestro *llamado primario* es el llamado a la fe en Cristo. De este llamado principal se derivan varios llamados secundarios, incluyendo el llamado al trabajo.[1]

Cada persona es creada en la imagen de Dios, llena de dignidad, con talentos y dones únicos para utilizarlos para gloria de Dios en su trabajo. Una de las razones por la que muchos cristianos no descubren su vocación es porque no entienden completamente lo que significa el ser creados a la imagen de Dios.

Imago Dei

La mayoría de los cristianos han oído a teólogos y pastores decir una y otra vez que todos estamos hechos a imagen de Dios, pero ¿qué significa esto? Es una idea compleja.

La imagen de Dios es un concepto fundamental para entender nuestro significado y propósito en la vida. Comprender cómo somos hechos a la imagen de

Dios nos ayuda a entender nuestra inherente dignidad como seres humanos creados por nuestro Padre celestial.

Génesis 1:26-27 declara que los seres humanos están hechos a imagen de Dios:

> Entonces dijo Dios: Hagamos al hombre a nuestra imagen, conforme a nuestra semejanza; y señoree en los peces del mar, en las aves de los cielos, en las bestias, en toda la tierra y en todo animal que se arrastra sobre la tierra. Y creó Dios al hombre a su imagen, a imagen de Dios lo creó; varón y hembra los creó.

De estos versículos, entendemos que nuestro valor está conectado a nuestro Creador. Si Dios es de gran e inestimable valor, entonces, los seres humanos hechos a su imagen deben ser de inmenso valor también.

Nuestra dignidad no sólo está presente en la creación, sino también después de la caída en el pecado. Por ejemplo, en Génesis 9:5-6, Dios le recuerda a Noé que el hombre está hecho a imagen de Dios:

> El que derrame sangre de hombre, por el hombre su sangre será derramada, porque a imagen de Dios es hecho el hombre.

En otras palabras, este versículo está diciendo, "el atacar a una persona es atacar a Dios a través del portador de su imagen". A pesar de que la humanidad está manchada por el pecado, el pecado no erradica la doctrina de Imago Dei.

El Nuevo Testamento también nos dice que los seres humanos están hechos a imagen de Dios. Santiago 3:9 dice:

> Con ella (la lengua) bendecimos al Dios y Padre, y con ella maldecimos a los hombres, que están hechos a la semejanza de Dios.

Estos dos versículos nos recuerdan que la forma en que tratamos a la gente es una indicación de cómo valoramos a Dios.

Una de mis citas favoritas de C. S. Lewis aparece en su libro *El Peso de la Gloria*:

> No hay gente ordinaria. Nunca has conocido a un simple mortal.[2]

La gente que ves todos los días, aún aquellos a quienes consideras de baja estima, son gente que van a vivir para siempre, ya sea por la salvación o por el juicio eterno. Incluso la persona más despreciada no es ordinaria ante los ojos de

Dios, ya que todos son hechos a su imagen.

A la luz de esta verdad, ¿cómo podemos afirmar la dignidad de las personas que nos rodean?

Caído, pero Redimido

Hoy en día, algunos cristianos se centran en la dignidad y la autoestima sin mucha mención de nuestra pecaminosidad. Otros hacen hincapié en nuestra carencia de dignidad por la pecaminosidad sin notar nuestra dignidad o la gracia de Dios.

No debemos centrarnos en nuestro pecado por mucho tiempo sin destacar también la gracia de Dios y nuestra dignidad otorgada por Dios. El apóstol Pablo nunca menciona la profundidad de su pecado sin mencionar también la gracia de Dios:

> Porque yo soy el más pequeño de los apóstoles, que no soy digno de ser llamado apóstol... Pero por la gracia de Dios soy lo que soy; y su gracia no ha sido en vano para conmigo, antes he trabajado más que todos ellos; pero no yo, sino la gracia de Dios conmigo... (1 Corintios 15:9-10).

En 1 Timoteo 1:16, Pablo se llama a sí mismo "el primero" de los pecadores, pero señala también, "por esto fui recibido a misericordia, para que Jesucristo mostrase en mí el primero toda su clemencia".

Nosotros podemos decir lo mismo.

No importa lo que hayamos hecho, la gracia de Dios obra en nosotros. El negar o dejar de reconocer esta verdad es como decir que la gracia de Dios es en vano.

Ciertamente está bien el tomar tiempo para la reflexión, la confesión y el arrepentimiento. Pero eventualmente deberíamos volver a la gracia de Dios y a nuestra propia dignidad de ser hechos a imagen de Dios.

La Imagen Restaurada de Dios se Parece a Cristo

Mientras que la imagen de Dios permanece después de la caída, sin duda está estropeada y desfigurada. Al ser redimidos, ¿cómo luciremos cuando se complete el proceso?

Al ser restaurados por Dios, nuestra individualidad brillará aún más intensamente y nuestros dones alcanzarán su pleno potencial; de tal manera que también nos pareceremos a Cristo.

Romanos 8:29 nos recuerda que estamos siendo "hechos conformes a la imagen de su Hijo". Jesús es el representante perfecto de la imagen de Dios, y nosotros vamos siendo hechos como Él es.

Lo Que Esto Significa para Nuestro Trabajo

El ser hechos a la imagen de Dios provee la base para nuestro trabajo y vocación. Si estamos hechos a imagen de Dios, entonces compartimos sus características. Por ejemplo, porque Dios es creativo, podemos ser creativos en nuestras labores.

Conocer las bases de nuestra dignidad y nuestro valor, nos ayuda a creer que tenemos dones y talentos para emplear. He conducido cientos de perfiles profesionales con gente que no había descubierto su vocación, porque creían que no tenían nada que ofrecer. A menudo, eventos traumáticos de su pasado han definido su identidad y le impiden reconocer su dignidad, valor, y creatividad otorgada por Dios.

Sin embargo, cuando lograron ver las implicaciones de ser hechos a imagen de Dios, su perspectiva cambió. Pude ver el cambio en sus vidas, cuando esta verdad pasó a ser la base de su identidad en lugar de su pasado.

Al entender lo que significa ser hechos a imagen de Dios, estas personas empezaron a creer que eran únicas y talentosas. Se dieron cuenta de cómo Dios los había dotado de muchas maneras, y utilizaron este conocimiento para encontrar sus vocaciones.

El ser hechos a la imagen de Dios es un concepto poderoso para la búsqueda de nuestras vocaciones y para vivir una vida con propósito.

CAPÍTULO 2

EL LLAMADO A LA CREATIVIDAD Y EL EVANGELIO

Estamos creados a imagen y semejanza de Dios. Por tanto, Dios ha puesto un llamado a la creatividad en nuestras vidas porque portamos las características creativas de Dios.

Estamos hechos para usar nuestra creatividad dada por Dios para cultivar el potencial de la creación que nos rodea. Dios creó el mundo de la nada, y nosotros estamos llamados a crear algo de lo que ya existe. Dios es el creador, y nosotros somos *sub-creadores*, el término preferido por Francis Schaefer y J. R. R. Tolkien.

Responder al llamado a la creatividad requiere un cambio de posición en la manera en que vemos el evangelio y nuestro papel en la transformación de la cultura. El concepto del denominado evangelio de cuatro capítulos proporciona el marco para este cambio en nuestra manera de pensar.

El hecho de no entender el evangelio de cuatro capítulos ha estrechado la visión de la iglesia evangélica. Reducir nuestra concepción del evangelio nos hace perder el propósito de los seres humanos en la creación. El resultado es ignorancia de la dignidad y la creatividad que todos poseemos.

Dos Capítulos en Lugar de Cuatro

La mayoría de los cristianos conocen el evangelio de dos capítulos, aun si no utilizan esos términos. Estos dos capítulos expresan, en el "capítulo uno", que nuestro problema es la separación de Dios a causa de nuestro pecado. El "capítulo dos" describe la solución a este dilema: Jesús vino al mundo para traer la salvación a través de su obra en la cruz. Este evangelio se divide en dos partes: el pecado y la redención.

Estas afirmaciones son profundamente ciertas y son el mensaje básico que predicamos, sin embargo, cuentan solo parte de la historia.

El evangelio de cuatro capítulos amplía y completa la historia con dos partes fundamentales: la creación y la restauración.

He aquí una comparación visual útil:

Evangelio de Dos Capítulos	Evangelio de Cuatro Capítulos
Caída	Creación
Redención	Caída
	Redención
	Restauración

Como veremos, la versión en la que usted cree afecta su visión del propósito y la creatividad humana. Primero, hagamos un repaso de los cuatro capítulos.

Creación

El libro de Génesis nos enseña que la creación de Dios es real y buena. Además, nos enseña acerca de la naturaleza de la relación entre Dios y la humanidad.

Adán y Eva tenían responsabilidad, o sea la "habilidad de responder":

- Tenían la habilidad de responder a Dios (personalmente).
- Tenían la habilidad de responder el uno al otro (corporativamente).
- Y tenían la habilidad de responder a la creación (cósmicamente).

Caída

Después de la caída, estas tres capacidades de responder fueron dañadas y desfiguradas. La caída afecta las tres dimensiones: personal, corporativa y cósmica.

- Adán y Eva se escondieron de Dios (personal).
- Adán culpa a Eva; Eva culpa a la serpiente (corporativa).
- Génesis 3:17 dice que la tierra está "maldita" por causa del pecado de Adán y Eva (cósmica).

Podemos observar cómo todas las dimensiones, saludables en la creación, se invirtieron después de la caída.

Redención
La redención se aplica a todas las áreas afectadas por la caída:
- Cristo murió, se levantó, y reina con poder a favor de nosotros. Según Romanos 8:34 también ora por nosotros (personal).
- 1 Corintios 12:13 nos dice que cuando aceptamos a Cristo, por el Espíritu ahora somos "bautizados en un cuerpo", la iglesia (corporativa).
- La redención se extiende a todo el cosmos. Romanos 8:19-21 dice que "la creación misma será libertada de la esclavitud" (cósmica).

Restauración
La restauración es el capítulo final en el cual toda la creación es finalmente renovada. Casi cada vez que la Biblia usa la palabra "nuevo" (en referencia al nuevo nacimiento, nueva creación, nuevos cielos y nueva tierra, etc.) se usa la palabra griega *kainos,* que significa "renovado". Dios no va a deshacerse de la creación, sino que la va a renovar. Como dice Al Wolters: "Dios no crea chatarra, ni tampoco hace chatarra de lo que Él ha creado".[3]

Conclusión
¿Cuáles son las implicaciones del evangelio de cuatro capítulos sobre nuestro llamado a la creatividad? ¿De qué manera la adopción de estos capítulos adicionales influye en nuestra visión del mundo?

Si no abrazamos el evangelio de cuatro capítulos, veremos la salvación como un simple boleto de autobús al cielo. Vamos a jugar con nuestros pulgares y el mundo seguirá girando como está, hasta que Cristo regrese.

Un evangelio de cuatro capítulos ve un final diferente, y esto hace toda la diferencia en cómo vivimos en el presente. El evangelio de cuatro capítulos recuerda a la humanidad su dignidad, porque señala dos cosas:
- Nuestra dignidad: el capítulo de la creación nos recuerda que estamos hechos a imagen de Dios e imbuidos de valor y estima.
- Nuestro rol: la creación nos dice que, siendo hechos a la imagen de Dios, poseemos la creatividad del Creador. Somos *co-creadores* o *sub-creadores* a

quienes Dios usará para llevar a cabo el capítulo final, la restauración de todas las cosas.

Refiriéndose al evangelio de cuatro capítulos y su relación al llamado a la creatividad, Tim Keller dice:

> Si...la historia de la salvación es creación, caída, redención, restauración, entonces las cosas se ven diferentes ... el propósito de la redención no es escapar del mundo, sino renovarlo ... si perdemos el énfasis en lo corporativo -en el reino- perdemos el poder del evangelio para la transformación cultural.[4]

No vamos a poder responder al llamado a la creatividad sin un marco que provea el contexto para la creatividad y la transformación cultural. El evangelio de cuatro capítulos es precisamente ese marco, dándole sentido a nuestra creatividad, nuestra fe, y nuestro trabajo.

CAPÍTULO 3

OCHO PASOS HACIA EL CAMINO DE LA SABIDURÍA

¿Si yo le llevara a usted en un helicóptero a Afganistán y le lanzara en paracaídas en medio de ese país, sin un mapa y sin conocimiento de cómo distinguir dónde está localizada una de 10 millones de minas, cuánto tiempo cree que duraría?

Caer en un campo de minas sin saber cómo evitarlas es como vivir la vida sin sabiduría. Es importante saber el terreno de la vida para poder negociarla con seguridad y experimentarla a plenitud.

Si vamos a perseguir nuestros llamados al máximo, necesitamos obtener sabiduría.

Las personas realmente sabias han puesto toda una vida de esfuerzos para obtener sabiduría. ¿Cómo lo hicieron? Aquí hay ocho pasos.

1. Temer al Señor

El temor al Señor es el principio de la sabiduría porque cuando estamos asombrados de Él, somos humildes. Nos damos cuenta que nuestras vidas son finitas y caídas. Hay varios versículos en Proverbios que mencionan esta característica, incluyendo:

- Proverbios 1:7: "El principio de la sabiduría es el temor de Jehová".
- Proverbios 15:33: "El temor de Jehová es enseñanza de sabiduría".

Calvino comenzó su *Institución de la Religión Cristiana* diciendo que todo nuestro conocimiento se reduce al conocimiento de Dios y de nosotros mismos. Cuanto más conocemos verdaderamente a Dios, más podemos ver quiénes somos como creados a su imagen, caídos, redimidos y destinados a la vida eterna. Entonces sabemos de nuestra necesidad de conocimiento, sabiduría y gracia para vivir nuestras vidas.

2. Ser enseñable

La humildad que proviene de temer adecuadamente al Señor conduce a un hambre de aprender que dura toda la vida. Las personas sabias son siempre enseñables. Nunca se sienten como si ya lo hubieran logrado todo. Note los siguientes versículos:

- Proverbios 3:7: "No seas sabio en tu propia opinión; teme a Jehová, y apártate del mal".

- Proverbios 9:8-9: "No reprendas al escarnecedor, para que no te aborrezca; corrige al sabio, y te amará. Da al sabio, y será más sabio; enseña al justo, y aumentará su saber".

El sabio desea adquirir más conocimiento, y está abierto a la corrección y la reprensión. La reprensión sabia es como un espejo que nos refleja claramente como realmente somos. Los sabios son siempre enseñables intelectualmente y prácticamente, sin descuidar el necesario discernimiento.

3. Aprender de los sabios

Hay una tendencia de aprender y modelar de las personas con las que pasamos más tiempo. Por ejemplo, las Escrituras nos advierten sobre asociarnos con alguien que está habitualmente enojado. Proverbios 22:24-25 dice:

> No te entremetas con el iracundo, ni te acompañes con el hombre de enojos, no sea que aprendas sus maneras, y tomes lazo para tu alma.

Por el contrario, asociarnos y escuchar a los sabios es muy recomendable. Recuerdo dos versículos, también de Proverbios:

- Proverbios 11:14: "Donde no hay dirección sabia, caerá el pueblo; mas en la multitud de consejeros hay seguridad".

- Proverbios 15:22: "Los pensamientos son frustrados donde no hay consejo; mas en la multitud de consejeros se afirman".

Cultive relaciones con gente sabia, luego consúlteles sobre decisiones importantes.

4. Tener cuidado con la entropía espiritual

Mientras sigamos escuchando y aprendiendo, podemos seguir adquiriendo sabiduría. Cuando dejamos de escuchar, las cosas tienden a ir hacia el desorden, como ocurre en la ley termodinámica de la entropía.

Salomón empezó como el más sabio de los reyes, pero más tarde hizo cosas imprudentes en su vida. ¿Cómo fue posible?

Creo que él olvidó la enseñanza que se le atribuye (ver Proverbios 10:10), como se registra en Proverbios 19:27:

> Cesa, hijo mío, de oír las enseñanzas que te hacen divagar de las razones de sabiduría.

Si usted deja de escuchar se desviará. Tal vez todos conocemos a aquellos que parecían sabios pero que hicieron tonterías que alteran la vida. En muchos casos, cayeron en privado antes de caer en público. La entropía espiritual se hizo cargo cuando ellos dejaron de escuchar a la sabiduría.

5. Buscar la sabiduría todos los días

Uno de mis pasajes favoritos del Antiguo Testamento es Isaías 50:4-5:

> Jehová el Señor me dio lengua de sabios, para saber hablar palabras al cansado; despertará mañana tras mañana, despertará mi oído para que oiga como los sabios. Jehová el Señor me abrió el oído, y yo no fui rebelde, ni me volví atrás.

¿No sería tremendo obtener una lengua sabia para que pudiéramos decir la palabra correcta, en el momento correcto y de la manera correcta? Es posible hablar con la "lengua de los sabios". ¿Cómo?

Ya sea que su mejor momento sea temprano en la mañana o más tarde en el día, es importante orientar su vida al Señor cuando despierte. A menos que pasemos tiempo con el Señor diariamente, no creceremos ni ganaremos sabiduría. Necesitamos que Él abra nuestros corazones y mentes a diario, para permitirnos probar la bondad, el poder y la belleza de las Escrituras y orar en el Espíritu (Efesios 6:18).

6. Notar la diferencia

La sabiduría nota las diferencias. ¿Qué significa eso?

Nos enfrentamos a muchas situaciones diferentes a lo largo de nuestros días de trabajo. El hecho de que haya experimentado situaciones similares en el pasado no significa que la presente sea exactamente la misma.

El sabio percibe las similitudes y las diferencias en cada situación. Los sabios se dan cuenta de que nunca experimentan exactamente la misma persona, grupo de gente, dinámica o circunstancias dos veces. Aunque la experiencia pasada puede ser muy útil, es esencial preguntarse ¿en qué se diferencia esta situación de cualquier cosa que haya experimentado?

7. Pedir sabiduría a Dios

Salomón pidió sabiduría y la recibió. Se nos insta a hacer lo mismo. Santiago 1:5 dice:

> Y si alguno de vosotros tiene falta de sabiduría, pídala a Dios, el cual da a todos abundantemente y sin reproche, y le será dada.

Muchas veces no tenemos porque no pedimos. Si bien debemos pedirle a Dios sabiduría, no debemos abandonar el proceso disciplinado mediante el cual la obtenemos.

Debemos trabajar, estudiar, orar, ayunar y tener comunión de la mejor manera posible, pero debemos darnos cuenta de que tenemos que agradecer a Dios cuando progresamos.

8. Reconocer que la sabiduría nos lleva a prosperar

Aquellos que adquieren sabiduría son comparados con un árbol firmemente plantado, que produce frutos en abundancia a su tiempo, cuyas hojas no caen y que, por lo tanto, prosperan (Salmo 1:3).

Ellos experimentan la bendición que conlleva el favor y la paz del Señor en todas las direcciones de sus vidas (Salmo 1:1).

Sobre todo, recuerde que estamos siendo hechos como él, conforme a su imagen, que es el poder y la sabiduría de Dios (1 Corintios 1:24).

CAPÍTULO 4

¿CÓMO ENCUENTRO MI LLAMADO?

Ser hechos a la imagen de Dios proporciona la base para nuestro trabajo y vocación. Si estamos hechos a imagen de Dios, compartimos sus características. Debido a que Dios es creativo, podemos ser creativos en nuestro trabajo y, de hecho, estamos llamados a esa creatividad. ¿Pero cómo descubrimos el trabajo que estamos llamados a realizar? ¿Cómo cada uno de nosotros encuentra su llamado?

He entrevistado a cientos de personas en el proceso de realizar perfiles vocacionales durante los últimos veinticinco años. Mi pregunta favorita es,

> Si usted pudiera hacer lo que quisiera, tuviera tiempo ilimitado para ser entrenado, dinero abundante, y no fracasara, ¿qué haría?

He escuchado muchas respuestas fascinantes a esta pregunta. Un hilo común en la mayoría de las respuestas es el deseo de hacer una diferencia en la vida. Una mujer incluso me confesó que su mayor temor era que su vida no hiciera ninguna diferencia.

Muchas personas no se consideran importantes y no tienen una visión de cómo Dios quiere que hagan una diferencia en el mundo usando sus dones únicos. Ahora quiero explorar cómo podemos saber específicamente qué trabajo estamos llamados a realizar. Aquí hay tres ideas para tener en cuenta al considerar su vocación.

1. Estamos llamados a ser buenos administradores de nuestros dones

Si mira en 1 Corintios 12:8-10, 28; Romanos 12:6-8, y Efesios 4:11-13, encontrará varias listas de dones para usar en el Cuerpo de Cristo. Estamos llamados a saber cuáles son nuestros dones y a usarlos vigorosamente para su reino. Debemos usar los mismos dones en el mundo con respecto a nuestro trabajo.

Nuestros dones "naturales" son nuestros dones "creados" -otorgados por Dios. El Espíritu Santo trabaja para llevar estos dones a su máximo potencial. La caída ha marchitado, mal dirigido y torcido nuestros dones; y el Espíritu puede redirigirlos para beneficiar tanto a la Iglesia como al mundo. La caída puede cegarnos a la naturaleza misma de los dones que hemos recibido. Necesitamos la ayuda del Espíritu, y la ayuda de otros, para obtener claridad sobre cómo usar mejor los dones que Dios nos ha dado.

Muchas personas están en trabajos en los que no encajan. En su libro *Finding a Job You Can Love* (Encontrando un trabajo que pueda amar), Ralph Mattson y Arthur Miller estiman que entre el 50 y el 80 por ciento de los estadounidenses en el mercado laboral tienen roles que no se ajustan a sus deseos o habilidades. La consejería vocacional podría ayudar mucho.

2. Dios ha hecho personas para cada posición en el Cuerpo de Cristo

También ha hecho personas para cada posición en el organigrama corporativo.

En los cientos de perfiles vocacionales que realicé, he encontrado algunos casos interesantes. Algunas personas, relativamente pocas, están hechas para ser directores ejecutivos. Algunos son los mejores como "el segundo al mando". A otros les encanta ayudar a su jefe para que tenga éxito. Algunos están hechos para ser inventores. A otros les encanta administrar todos los detalles de proyectos que alguien ha comenzado.

Entrevisté a un hombre cuyo mayor deseo era ser conserje de la escuela local y hacer brillar los pisos. Algunos aman el estrellato y otros quieren estar fuera del foco de atención. Es imperativo saber para qué está hecho y no desear, envidiar o codiciar la posición de otro. Pocos están hechos para ser un Billy Graham, Chuck Colson o Ravi Zacharias, pero usted puede encontrar su propio lugar y deleitarse en él.

3. Preste atención a su historia de vida

Al discernir su llamado, es útil realizar un examen atento de su vida. Observe lo que ha disfrutado haciendo y percibe que ha hecho bien. Enumere al menos tres ejemplos en cada período de su vida: escuela primaria, secundaria, universidad, postgrado. Luego comparta con un amigo los detalles de lo que disfrutó. Observe lo siguiente:

- Temas recurrentes
- ¿En qué posición juega en un equipo?
- ¿Qué clase de desafíos disparan sus motivaciones?
- ¿Cómo y por qué es motivado para aprender?
- ¿Qué dones principales usa? ¿Cuáles son los fines y propósitos hacia los que lo conducen?

El libro *Cura para la vida común: Encontrando su lugar* de Max Lucado puede ayudarle en esto. Proporciona los antecedentes bíblicos para el llamado y provee ejercicios prácticos para discernir el patrón de habilidades motivadas.[5]

Además, no hay sustituto para un amigo sabio que le escuche y le diga, como un espejo preciso, lo que ve en usted.

Prestar atención a la forma en que Dios le ha creado y encontrar un amigo sabio y dispuesto a escuchar producirá dividendos a lo largo de su vida, en el camino de descubrir y seguir su llamado.

CAPÍTULO 5

CUATRO CONSEJOS PARA CULTIVAR CARÁCTER

En otros ensayos vimos la importancia de cultivar el carácter para impactar la cultura. Un renacimiento del carácter puede llevar a una renovación de la cultura. ¿Pero cómo cultivamos ese carácter? Un viejo adagio señala:

Siembre un pensamiento, cosechará un acto. Siembre un acto, cosechará un hábito. Siembre un hábito, cosechará un carácter. Siembre un carácter, cosechará un destino.

Veamos cada una de estas afirmaciones y lo que significan para nosotros espiritualmente mientras buscamos transformar nuestros hogares, oficinas, escuelas y comunidades.

1. Siembre un pensamiento, cosechará un acto.

Decidir qué entra en nuestras mentes es el comienzo de tratar con el carácter. La Biblia tiene mucho que decir sobre la importancia de nuestros pensamientos. Pablo nos dice en Romanos 12:2 "No os conforméis a este siglo, sino transformaos por medio de la renovación de vuestro entendimiento".

Un primer paso en nuestra transformación implica rechazar aquellos pensamientos del entorno cultural que nos rodea y que se oponen a Cristo. En lugar de conformarnos a estos patrones de pensamiento, debemos buscar la renovación de nuestras mentes.

En Mateo 12:34, Jesús dice,

...Porque de la abundancia del corazón habla la boca.

El tesoro de los buenos pensamientos que llenan el corazón se derrama en buenas palabras y buenas acciones. Por lo tanto, debemos proteger nuestros corazones y nuestras mentes, porque de estas provienen nuestras palabras y acciones.

2. Siembre un acto, cosechará un hábito.

Cuando actuamos correctamente y continuamos ese patrón, se forman virtudes. Podemos observar a ciertas personas, compañeros de trabajo o líderes, por ejemplo, y saber que son confiables.

Por otro lado, cuando actuamos mal y persistimos en ese comportamiento, llega a convertirse en un vicio. Los malos hábitos pueden ser fácilmente detenidos en sus inicios. Sin embargo, cuanto más se practican, más fuertes se vuelven.

Al principio, los malos hábitos son como telarañas. Son pegajosos y desagradables, pero se rompen fácilmente. Sin embargo, si no se resisten, estos comportamientos pueden convertirse en cadenas que nos sujetan.

Es importante ver cómo nuestros pensamientos conducen a acciones, que luego se convierten en hábitos.

3. Siembre un hábito, cosechará un carácter.

Hebreos 5:14 describe en pocas palabras el proceso desde pensamiento hasta llegar al carácter:

> Pero el alimento sólido es para los que han alcanzado madurez, para los que por el uso tienen los sentidos ejercitados en el discernimiento del bien y del mal.

Primero, debemos ingerir alimentos sólidos, no leche, es decir, enseñar en profundidad en lugar de solamente lo básico. En segundo lugar, estos pensamientos no solo deben permanecer en la mente. Deben ponerse en práctica, para que se formen buenos hábitos y se desarrolle la sabiduría. Entonces nuestros sentidos serán entrenados para "discernir el bien y el mal".

Necesitamos un contenido bíblico sólido y una práctica regular para desarrollar el carácter y la sabiduría.

4. Siembre un carácter, cosechará un destino.

Los defectos de carácter a menudo afectan profundamente el futuro de una persona. Una palabra o frase equivocada ha destruido la carrera de personalidades de los medios de comunicación, políticos, y hombres y mujeres de negocios. Hay un dicho que advierte:

Un deslizamiento de la lengua conduce a un deslizamiento de la mente, y esto conduce a un deslizamiento del alma.

Algo que se escurre de nuestros labios, debido al orgullo, es racionalizado y justificado ("desliz de la mente"). Esa negación de nuestro error original conduce al "desliz del alma".

El Instituto C. S. Lewis solía tener un programa de verano en la costa este de la Bahía de Chesapeake. Observando el lugar noté dos problemas con la propiedad, muy similares a los que se presentan en nuestras propias vidas:

- Erosión: Alrededor de la propiedad se levantó un muro construido con grandes rocas, que daba hacia el mar. El dueño de la propiedad de al lado no hizo su muro y al transcurrir los años perdió alrededor de cinco acres de tierra valiosa en la bahía. Cuando descuidamos el tiempo que pasamos en las Escrituras y en la oración, no siempre vemos o sentimos las consecuencias inmediatas. Puede tomar un periodo antes de que la erosión sea evidente, pero tarde o temprano, la casa en la bahía se derrumbará.

- Sedimento: Grandes barcos solían subir al canal y atracar en el puerto. Sin embargo, debido a la acumulación de lodo el canal necesitaba ser dragado, lo que representaba una tarea difícil y costosa. Puede haber una acumulación similar de sedimento en nuestras vidas, enturbiando las aguas y dificultándonos ver con claridad. Periódicamente, necesitamos "dragar el canal" para que el agua limpia pueda fluir nuevamente y podamos restablecer una comunicación clara con nuestro Señor.

Si queremos cultivar carácter en nosotros y en nuestras comunidades, necesitamos comenzar con nuestros pensamientos y decidir actuar de una manera diferente.

CAPÍTULO 6

SABER, SENTIR Y HACER

Conozco a un pastor cuyo estudio contiene un escritorio, un reclinatorio y un par de sillas. A veces al estudiar, él encontrará algo que lo lleve a alabar a Dios o sentirá la necesidad de arrepentirse, y se moverá rápidamente del escritorio hacia el reclinatorio. Usa las sillas para ofrecer consejería, mentoría y orientación espiritual. No es raro que vaya al escritorio para estudiar las preguntas planteadas en esas sesiones, o vaya al reclinatorio para orar por las personas y sus preocupaciones.

Saber, sentir y hacer (estudio, piedad y ministerio) muy bien representados por el escritorio, el reclinatorio y la silla, están íntimamente relacionados. Si elimina uno de ellos, se hace daño a los otros dos:

- Si elimina el escritorio, usted pierde profundidad en la oración (reclinatorio) y substancia en el ministerio (sillas).
- Si usted elimina el reclinatorio, puede tener mucho conocimiento (escritorio) y poner ese conocimiento en práctica (sillas), pero le puede faltar pasión y alegría en su vida espiritual lo que deriva en un legalismo frío y desapasionado.
- Si usted elimina las sillas, le queda el pensamiento teórico (escritorio) o la piedad (reclinatorio), que producen poca diferencia en las vidas de los demás.

Descuidar una de estas tres prácticas resulta en la pérdida de las tres.

La Importancia de Saber

La Biblia proporciona una base sólida para conocer y hacer, con fundamento en un Dios personal infinito que existe y se revela en las Escrituras. Somos creados a imagen de Dios, con capacidad de razonar. El pecado y nuestra naturaleza finita limitan el alcance de nuestro conocimiento. Sin embargo, existe lo que es verdadero, bueno y real, y podemos conocerlo objetivamente, al menos en parte.

Saber es importante para la espiritualidad bíblica. En Mateo 22:37, Cristo nos llama a amar a Dios con todo nuestro corazón, nuestra alma y nuestra mente. 2 Corintios 10:5 nos dice que,

> Derribando argumentos y toda altivez que se levanta contra el conocimiento de Dios, y llevando cautivo todo pensamiento a la obediencia a Cristo.

- La primera parte de este versículo nos exhorta a refutar las objeciones a la fe y los sistemas alternativos de pensamiento.
- La segunda parte hace énfasis en llevar cada pensamiento cautivo a Cristo.

Estas tareas no son meramente deberes intelectuales o especulativos, sino obligaciones espirituales. Un problema central con la iglesia y su incapacidad para impactar la cultura es que no hemos enfatizado amar a Dios con nuestra mente. El conocimiento bíblico involucra más que lo meramente cognitivo. También implica intimidad y responsabilidad.

La palabra hebrea para conocer es *Yatha*. Cuando Génesis habla de que Adán conoció a su esposa, usa esa palabra. Del mismo modo, nuestro conocimiento debe llevarnos a la intimidad personal con Dios.

La palabra griega para "escuchar" es *Akuo*, y la palabra griega para "obedecer" es *Hupakuo*. El prefijo "*Hup*" en *Hupakuo* es la palabra de la que viene nuestra expresión "hiper". Una cosa es escuchar y otra cosa es *"hiper-escuchar"*.

Escuchar realmente es obedecer. Una cosa es permitir que la verdad entre por un oído y salga por el otro. Otra es permitir que la Palabra de Dios entre en su oído, baje a su corazón y se extienda hacia sus manos y pies.

La Importancia de Sentir

Sentir es primero en el orden de importancia. Nuestros sentimientos son buenos, aunque a veces retorcidos por la caída. Los afectos son una medida de la espiritualidad y son deseables. Jonathan Edwards argumentó que era su deber:

... elevar los afectos de mis oyentes tan alto como pueda, siempre y cuando sean afectados por nada más que la verdad.[6]

Dios quiere que estemos satisfechos en él. El Catecismo de Westminster responde a la pregunta "¿Cuál es el fin principal del hombre?" diciendo "Glorificar a Dios y disfrutarlo para siempre" (énfasis agregado). A menudo olvidamos la última parte de la respuesta. Somos creados para sentir el mayor gozo cuando Dios es glorificado.

Nada produce tanta emoción como la verdad. Los discípulos en el camino a Emaús en Lucas 24 recibieron tal vez el mayor estudio bíblico jamás dado, cuando Jesús expuso todas las cosas en la ley, los profetas y las Escrituras que apuntaban hacia Él. Estos discípulos describieron su emoción en Lucas 24:32:

> ¿No ardía nuestro corazón en nosotros, mientras nos hablaba en el camino, y cuando nos abría las Escrituras?

Nada puede producir este tipo de ardor en el corazón como la verdad.

La Conexión Entre Saber, Sentir y Hacer

Podemos decir que saber nos lleva a sentir, y esto nos lleva a hacer:

- Sabemos qué es verdad.
- Nos sentimos apasionados por esta verdad.
- Nuestra pasión por nuestra creencia nos motiva a actuar.

Podemos ver los elementos de saber, sentir y hacer mencionados juntos en Juan 13:17 (énfasis añadido):

> Si sabéis estas cosas, bienaventurados seréis si las hiciereis.

Romanos 6:17 menciona saber, sentir y hacer, en un orden inverso:

> Pero gracias a Dios, que aunque erais esclavos del pecado, habéis obedecido de corazón a aquella forma de doctrina a la cual fuisteis entregados.

En Romanos 12:1, Pablo presenta un resumen de Romanos hasta el capítulo doce y el fundamento sobre el que se establecen afirmaciones éticas posteriores:

Así que, hermanos, os ruego por las misericordias de Dios, que presentéis vuestros cuerpos en sacrificio vivo, santo, agradable a Dios, que es vuestro culto racional.

Las verdades éticas de los textos posteriores de Romanos, capítulos 12-16, están basadas en las doctrinas resaltadas en Romanos 1-11. Note la progresión de Romanos: conocer doctrina provee una base para hacer el ofrecimiento de nuestro cuerpo como sacrificio vivo.

El saber nos lleva a sentir. Sentir nos lleva a hacer. También existe una relación recíproca entre el saber y hacer. Juan 8:32 dice, "y conoceréis la verdad, y la verdad os hará libres".

Hacer (cumplir) nos lleva a saber (la verdad), que nos lleva a sentir (libertad). En Juan 7:17 podemos leer,

El que quiera hacer la voluntad de Dios, conocerá si la doctrina es de Dios, o si yo hablo por mi propia cuenta.

- Si usted elimina o disminuye el poder de alguno de los aspectos, minimiza los tres.
- Si elimina o minimiza el conocimiento, disminuye los sentimientos y pierde una fuerte motivación para hacer.
- Una pérdida de hacer conduce a una correspondiente pérdida de conocimiento y sentimiento.
- Una disminución del sentimiento significa una falta de motivación para hacer y una disminución del conocimiento.

En lugar de una comprensión sólida de la verdad de Cristo que conduce al amor apasionado de Cristo que le motiva a actuar en nombre de su reino en este mundo, hay una pérdida de saber, sentir y hacer. Si deja de lado cualquier elemento, perderá los tres.

Saber, Sentir y Hacer en la Iglesia

Si observamos la iglesia de hoy, podemos discernir tres escuelas de pensamiento, cada una centrada en conocer, sentir o hacer. También vemos cómo se ve la distorsión de cada una de estas áreas:

1) Doctrina (conocimiento): Esta escuela es, con razón, crítica de la falta de verdad en la iglesia, su piedad superficial y la actividad que a menudo no es coherente con las prioridades bíblicas.

2) Piedad (sentimiento): Esta escuela es, con razón, crítica con los eruditos de la torre de marfil que carecen de pasión por Dios.

3) Reforma (hacer): Esta escuela señala las grandes necesidades de la sociedad y critica con razón a aquellos que solo desean estudiar teología u orar, pero no actúan de manera culturalmente redentora.

Cada una de estas escuelas, al defender solo su postura particular, cae presa de un exceso unilateral:

- La doctrina, en lugar de enriquecer y motivar nuestras vidas, puede convertirse en dogmatismo.
- La piedad, en lugar de producir una acción apasionada, puede aislar a las personas, una de otras.
- La reforma puede gradualmente volverse cansada, amargada y escéptica, lo que lleva al activismo que carece de amor y alegría.

Cada orientación necesita las otras dos. Si deja fuera una, perderá las tres.

Es difícil mantener la proporción adecuada de cada orientación por mucho tiempo. Necesitamos seguir estudiando las Escrituras y aprender unos de otros. Timothy Keller hace algunas sugerencias para equilibrar las tres escuelas en nuestras vidas:[7]

- Conocer la lectura de cada escuela.
- Mantener discusiones regulares en nuestras comunidades.
- Reservar tiempo para resolver nuestras diferencias antes de que se conviertan en controversias o quejas judiciales.

La unidad entre saber, sentir y hacer es más fácil de establecer en términos bíblicos que vivirla en la vida real. Todos tendemos a inclinarnos hacia una de estas escuelas y necesitamos un empujón hacia un énfasis más equilibrado en las tres áreas.

Sobre todo, debemos preservar en esta generación la importancia de la verdad (saber), la pasión por Dios (sentimiento) y una visión de la vida que conduce a la transformación cultural (hacer).

CAPÍTULO 7

¿QUIÉN ESTÁ HACIENDO EL TRABAJO DE DIOS?

¿Cuántos de nosotros sentimos que nuestro trabajo no es lo suficientemente "espiritual" o que no importa en el gran diseño de Dios? Comprender este concepto de "sacerdocio de todo creyente" puede ayudarnos a ver cómo todas nuestras vocaciones tienen una gran importancia.

El sacerdocio de todo creyente es una idea bíblica importante que tiene grandes implicaciones para nuestra espiritualidad personal, nuestra vida pública en la Iglesia y en el mundo, y nuestro trabajo.

Entonces, ¿qué es el sacerdocio de todo creyente y qué tiene que ver con la fe y el trabajo?

Cuando Martín Lutero se refirió a este concepto, él sostenía que el arador y la lechera podían hacer trabajo sacerdotal. De hecho, arar y ordeñar era un trabajo sacerdotal. No había una jerarquía en la que el sacerdocio fuera una "vocación" y el ordeñar una vaca no lo fuera. *Ambas eran tareas que Dios llamó a sus seguidores a hacer, cada una de acuerdo con sus dones.*

El Sacerdocio de Todo Creyente en las Escrituras

El sacerdocio de todo creyente está basado en las enseñanzas claras de las Escrituras. El Antiguo Testamento anticipa esta realidad:

- Dios le dice a su gente en Sinaí, "Y vosotros me seréis un reino de *sacerdotes*, y gente santa" (Éxodo 19:6).
- Isaías dice que un tiempo vendrá cuando "vosotros seréis llamados *sacerdotes* de Jehová, ministros de nuestro Dios seréis llamados" (Isaías 61:6).

El Nuevo Testamento nos muestra la realidad consumada:

- 1 Pedro 2:5 dice a los creyentes que "vosotros también, como piedras vivas, sed edificados como casa espiritual y *sacerdocio* santo, para ofrecer sacrificios espirituales aceptables a Dios por medio de Jesucristo".

- 1 Pedro 2:9 dice "Mas vosotros sois linaje escogido, real *sacerdocio*, nación santa, pueblo adquirido por Dios, para que anunciéis las virtudes de aquel que os llamó de las tinieblas a su luz admirable".
- Apocalipsis hace eco de la realidad profetizada en Éxodo 19:6, diciendo, "nos has hecho para nuestro Dios reyes y *sacerdotes*, y reinaremos sobre la tierra" (Ap. 5:10).

El trasfondo teológico para esta idea es el sumo sacerdocio de Cristo, descrito en Hebreos 7. Por el sumo sacerdocio de Cristo, y porque ahora estamos en Él, todos llegamos a ser sacerdotes.

Por Cristo ahora todos somos profetas, sacerdotes, y reyes. Ahora somos parte de un "sacerdocio real" que proféticamente proclama su mensaje.

Aplicación

Hay por lo menos cuatro implicaciones positivas de la noción del sacerdocio de todo creyente para nuestras vidas. Las dos primeras son privilegios espirituales, y las dos últimas son responsabilidades para nuestro trabajo en la iglesia y en el mundo.

1. Acceso directo a Dios

Hoy, tenemos el privilegio de tener acceso directo a Dios a través de Cristo. Podemos venir audazmente al trono de la gracia. Cristo es "en quien tenemos seguridad y acceso con confianza por medio de la fe en él" (Efesios 3:12). Este es un tremendo privilegio, sin embargo, es tan fácil para nosotros ignorarlo. Tomamos la oración y su poder por sentado.

Es importante que integremos nuestra fe y trabajemos con una actitud de oración, recordando que tenemos acceso directo a Dios a medida que trabajamos en las implicaciones del llamado de nuestras vidas.

2. Sacrificios espirituales

Todavía tenemos que ofrecer sacrificios. Sin embargo, estos ya no son ofrendas de toros y cabras, sino sacrificios como la oración, la alabanza, la acción de gracias, el arrepentimiento, la justicia, la bondad y el amor. 1 Pedro 2:5 explica esta función. Somos un sacerdocio santo "para ofrecer sacrificios espirituales aceptables a Dios por medio de Jesucristo". Por encima de todo, usted puede tener la seguridad de que su sacrificio será aceptado a través de Cristo.

3. Rol profético

Como un "sacerdocio real", una de nuestras responsabilidades es anunciar "las virtudes de aquel que os llamó de las tinieblas a su luz admirable" (1 Pedro 2: 9). Esto no quiere decir que todos deben ser predicadores o maestros. Todos pueden y deben dar testimonio de Cristo de alguna manera, *de acuerdo con sus dones*.

Juan 16 dice que el Espíritu Santo fue enviado para "convencer al mundo" de "pecado, de justicia y de juicio" (Juan 16: 8). Esta "convicción del mundo" también puede aplicarse a la proclamación profética pública no solo en la predicación, sino también en política, negocios, leyes y otras áreas donde los creyentes necesitan poder para hablar sobre su causa.

4. Agente de la reconciliación

Debemos mediar el amor de Cristo en un mundo oscuro y atribulado. Así como los sacerdotes son agentes de reconciliación con Dios y con los demás, también debemos ser ese tipo de mediadores.

Dios es el que inicia el proceso de reconciliación: "todo esto proviene de Dios, quien nos reconcilió consigo mismo por Cristo, y nos dio el ministerio de la reconciliación" (2 Cor. 5:18). Debido a lo que Dios ha hecho en Cristo, se nos encomienda la tarea de llevar a cabo este ministerio de reconciliación.

Nosotros, como cristianos, actuamos como agentes de reconciliación y restauración, apuntando hacia el reino venidero que Dios ha iniciado y completará cuando Cristo regrese. Nuestro trabajo es un área de nuestra vida en la que damos testimonio de esta consumación prometida.

Si recuperamos la idea de que todos los creyentes somos "sacerdocio", oraremos con más audacia y nos daremos cuenta de nuestro privilegio único en Cristo. Estaremos dispuestos a confrontar proféticamente los problemas en la iglesia y en el mundo. Seremos agentes de reconciliación, embajadores y mediadores. En otras palabras, seremos sacerdotes en nuestra sociedad.

Lea el artículo completo del Dr. Lindsley sobre este tema en https://tifwe.org/resource/the-priesthood-of-all-believers/.

CAPÍTULO 8

RAZÓN Y IMAGINACIÓN: HERRAMIENTAS PARA LA TRANSFORMACIÓN

El año 2000, la revista *Christianity Today (Cristianismo hoy)* hizo una encuesta entre sus colaboradores sobre los diez mejores libros del siglo XX, y *Mero Cristianismo* ocupó el primer lugar por un margen significativo.[8] La popularidad de C. S. Lewis no ha mostrado signos de decaimiento desde entonces y, en todo caso, está aumentando.

¿Cuál es la clave de su continuo impacto? Lewis tenía una precisión con las palabras, la empatía para comprender las luchas más profundas de las personas, una habilidad retórica para ordenar sus ideas de manera clara y persuasiva, una amplitud de aprendizaje, una memoria asombrosa y la capacidad de contar historias. Sin embargo, si tuviera que elegir una habilidad para explicar la continua popularidad de Lewis, sería la de combinar la razón y la imaginación.

Esta habilidad fue impulsada en parte por los amplios hábitos de lectura y su prodigiosa memoria. Con respecto a su memoria, Lewis dijo que estaba "maldecido" por no poder olvidar nada de lo que leía. Hay algunas historias que ilustran esta capacidad. Stephen Schonfield, en su libro *In Search of C. S. Lewis* (En busca de C. S. Lewis), cita la historia de cómo en una cena de despedida cuando Lewis dejó Oxford para Cambridge, le comentó a Richard Selig, un estadounidense becario del programa Rhodes, que tenía un problema con la escritura de poesía:

"'La dificultad es que yo recuerdo todo lo que he leído y me surgen fragmentos sin invitarlos".

'Seguramente no todo lo que usted ha leído, señor Lewis'.

'Sí, todo Selig, aún los textos más aburridos'".

Selig se fue a la biblioteca de la universidad, y "sacó un volumen de un poema largo y poco leído. Leyó unas cuantas líneas".

"'¡Detente!' le dijo Lewis, quien levantó sus ojos hacia el techo y comenzó a recitar el poema. Se detuvo luego de unas diez líneas y miró a Selig, ahora muy silencioso. La conversación fue lenta para reanudarse en ese extremo de la mesa".[9]

Otros relatos de su asombrosa memoria se esparcen a través de las historias de sus amigos. Esta capacidad para recordar claramente la literatura filosófica, así como la ficción y la poesía, le brindaron grandes recursos para esbozar sus escritos.

La combinación de imaginación y razón fue increíblemente importante para Lewis. Al final de su capítulo "Bluspels and Flalansferes" en *Selected Literary Essays* (Ensayos Literarios Selectos), enuncia el principio: "La razón es el órgano natural de la verdad, la imaginación es el órgano del significado".[10] En el contexto de ese ensayo argumentó que realmente no captamos el significado de cualquier palabra o concepto hasta que tenemos una imagen clara que podemos conectar con ello. El efecto práctico de esta creencia en los escritos de Lewis fue que, incluso en medio de un argumento apologético, proveía el cuadro, la imagen o la metáfora adecuada para ayudar al lector a comprender el significado de su razonamiento. Por ejemplo, note el uso de imagen o analogía en esta cita de *El Peso de la Gloria*:

> Nuestro Señor encuentra nuestros deseos no son demasiado sólidos, sino muy débiles. Somos criaturas poco entusiastas, jugando con la bebida, el sexo y la ambición cuando se nos ofrece una alegría infinita, como un niño ignorante que quiere seguir haciendo pasteles de barro en un barrio pobre porque no puede imaginar lo que significa la oferta de vacaciones junto al mar. Somos demasiado fáciles de satisfacer.[11]

Los "pasteles de barro" y las "vacaciones junto al mar" nos ayudan a vislumbrar lo que significa ser "fáciles de complacer". La mayoría de las ideas principales de Lewis también se desarrollan en su ficción. Alan Jacobs, en su biografía de Lewis, sostiene que todos los temas importantes de su escritura filosófica o escritos apologéticos también se expresan en *Las Crónicas de Narnia*. Este paralelo podría ilustrarse en otros escritos. Por ejemplo, C. S. Lewis podría argumentar contra el relativismo en *La Abolición del Hombre* o contrarrestarlo de manera efectiva en su novela *Esa Horrible Fuerza*.

Imaginación y Fe

La imaginación jugó un papel clave en la conversión de Lewis y pensó que también podría ayudar a otros en su viaje. A través de la lectura de *Phantastes*, la fantasía cristiana de George MacDonald, Lewis dijo que una nueva cualidad, "una sombra brillante", saltó de la página y "bautizó" su imaginación. Más tarde describió la nueva cualidad como "santidad".[12] Este fue solo el comienzo de su viaje, pero le llevó a que viera todo diferente. Dijo que le tomó un tiempo comprenderlo totalmente. Todavía necesitaba confrontar ciertas objeciones racionales a la fe y finalmente someter su voluntad, pero el proceso había comenzado. Se podría ilustrar visualmente el proceso de esta manera:

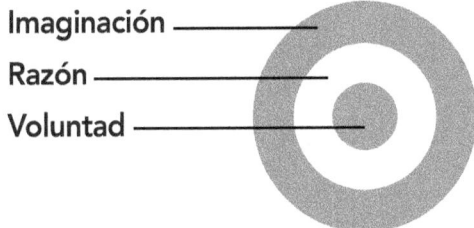

Un tema importante en la conversión de Lewis fue la contradicción emergente entre su razón y su imaginación. Refiriéndose a su retiro juvenil en la fantasía y el mito, dice en su libro *Cautivado por la Alegría*:

> Tal era, pues, el estado de mi vida imaginativa; contra lo que se alzaba la vida de mi intelecto. Los dos hemisferios de mi mente estaban en el más agudo contraste.[13]

Más tarde, por supuesto, a través de una combinación de muchos factores, la tensión fue resuelta. La razón y la imaginación estaban unidas. Primero se bautizó la imaginación de Lewis, luego satisfizo su razón, luego sometió su voluntad. Pensó que su propia escritura podría ser útil en ese mismo proceso en la vida de los demás. Ciertamente *Las Crónicas de Narnia* bautizaron la imaginación de muchos de sus lectores. Lewis no está solo cuando se trata de autores cuya ficción ha tenido el mismo impacto en el público. Chris Mitchell, quien durante muchos años fue el director del Centro Wade en el Wheaton College, dijo que fue la trilogía de *El Señor de los Anillos* de Tolkien la que bautizó su imaginación. Es importante tener en cuenta que otras visiones del mundo también pretenden captar la imaginación. George Lucas le dijo a Joseph Campbell que quería que *Star Wars* preparara una generación para la Nueva Era o la perspectiva oriental. El ateo Phillip Pullman es conscientemente anti-Lewis y anti-Narnia. Él está tratando de usar su trilogía de *La Materia Oscura* para capturar la imaginación de una nueva generación para el ateísmo. El primer libro de su serie *La Brújula Dorada* se ha convertido en una película. Ciertamente la imaginación es crucial. La popularidad de Jean Paul Sartre se debió al hecho de que podía escribir filosofía como *El Ser y la Nada*, y también obras de teatro como *A Puerta Cerrada*.

En cualquier caso, Lewis pensó que sus propios escritos podrían superar a los "dragones vigilantes" de nuestra religiosidad y ayudarnos a ver un aspecto nuevo de nuestra propia fe que podríamos haber descuidado.

Aprendiendo a Usar la Razón y la Imaginación

¿Qué podemos aprender de Lewis? Aunque no tengamos su asombrosa memoria, podemos aprender del uso que hizo de la razón y la imaginación.

1. La razón es el órgano natural de la verdad, pero la imaginación es el órgano del significado. La gente nunca entenderá completamente el significado de nuestras palabras a menos que podamos usar imágenes, metáforas, analogías o historias para llevar a casa.

2. En el evangelismo, es posible descuidar, para detrimento nuestro, el "bautismo de la imaginación". Es posible apelar directamente a la razón o la voluntad, pero es posible que debamos abordar un paso preliminar: la imaginación. Esto podría ser una especie de *pre-evangelismo*, importante para Lewis y muchos después de él. Los libros de Lewis podrían ser este vehículo, y también los de Tolkien. Lo mismo podría hacer una película, una novela o una biografía.

CAPÍTULO 8: **RAZÓN Y IMAGINACIÓN: HERRAMIENTAS PARA LA TRANSFORMACIÓN**

3. La gente está en un espectro que va desde estar muy abierta a discutir temas de fe hasta estar muy cerrada. Una regla de oro podría ser que cuanto más abierta esté una persona para discutir estos temas, se pueden utilizar formas de comunicación más directas (razón, apologética, apelación para creer); cuanto más cerrada esté una persona, se deben utilizar más formas indirectas de comunicación (preguntas, parábolas, historias). Jesús fue un maestro de este segundo enfoque. A menudo respondía a una pregunta con otra pregunta cuando hablaba con personas cerradas. También contó parábolas para que las personas cerradas pudieran verse a sí mismas, como en un espejo (por ejemplo, el Hijo Pródigo, el Buen Samaritano). Esta forma indirecta de comunicación está más a menudo en el ámbito de la imaginación.

La obra de transformación es, en última instancia, el reino del Espíritu Santo. Pero la razón y la imaginación son herramientas que podemos utilizar para ayudar a las personas a ver la verdad que comienza a echar raíces en sus corazones. Los escritos de C. S. Lewis proporcionan un gran lugar para comenzar en nuestro esfuerzo por ser agentes de transformación.

PRINCIPIOS PARA LA VIDA PÚBLICA

CAPÍTULO 9

TEOLOGÍA DEL TRABAJO

En nuestros tiempos existe una importante necesidad de recuperar una teología bíblica del trabajo. En el pasado, la iglesia evangélica no logró abordar una teología del trabajo. William Diehl dice en su libro *Christianity and Real Life* (El cristianismo y la vida real):

> Ahora soy gerente de ventas de una importante empresa siderúrgica. En los casi treinta años de mi carrera profesional, mi iglesia nunca ha sugerido que haya un tiempo para rendir cuentas de mi ministerio en el trabajo... Nunca se indagó sobre los tipos de decisiones éticas que debo enfrentar... Nunca he estado en una congregación donde haya algún tipo de afirmación pública del ministerio en mi carrera. En resumen, debo concluir que mi iglesia realmente no tiene el menor interés en saber si debo, o cómo ministrar en mi trabajo diario.[14]

En la actualidad hay varias iglesias y organizaciones que están abordando este tema, pero aún son muy pocas. Un resumen de la teología del trabajo podría incluir estos temas:

1. El trabajo no es un resultado de la caída.

Todos fuimos creados para trabajar. En Génesis 1:26-28, los portadores de la imagen de Dios (hombre y mujer) están llamados a ejercer dominio o gobierno sobre toda la creación. Solo Dios puede crear algo de la nada. Debemos crear algo a partir de algo. Somos lo que Francis Schaeffer y J. R. R. Tolkien llama *sub-creadores*. Podemos tomar madera y hacer una mesa o una casa. Podemos tomar metal y hacer una herramienta o instrumento musical y así sucesivamente. Dorothy Sayers argumentó que es más cierto decir que vivimos para trabajar que decir que trabajamos para vivir. También sostuvo que es más cierto decir que jugamos al trabajo que decir que trabajamos para jugar. Demasiados viven para el fin de semana ("Gracias a Dios es viernes") o para vacaciones o jubilación.

2. El trabajo no es el resultado de la caída, pero se hace más difícil debido a la caída.

Génesis 3:17 dice que la tierra está maldita debido a la caída en el pecado. El suelo dará espinas y cardos. Habrá mucha sangre, sudor y lágrimas en el contexto del trabajo. Sin embargo, la redención puede impactar nuestro trabajo.

3. El trabajo es más que un lugar para ganar dinero para dar a la iglesia o un lugar para evangelizar.

Ciertamente, es apropiado donar a la iglesia, o compartir el evangelio cuando se presenta la situación adecuada, pero estos propósitos no son la razón central para trabajar. El trabajo es valioso en sí mismo.

4. La vocación ministerial no es más alta que otras profesiones, como negocios, medicina, derecho o carpintería.

Jesús fue carpintero, o contratista general, durante aproximadamente dieciocho años. Se estima que trabajó de esta manera desde los doce o trece años hasta que estuvo "como de treinta años" según Lucas 3:23. El reino de Dios puede avanzar desde todas las profesiones válidas. Todos somos "sacerdotes" llamados a ofrecer sacrificios espirituales y proclamar su excelencia en un mundo de oscuridad (1 Pedro 2:5, 1 Pedro 2:9-10).

5. La redención se extiende a toda la vida, incluyendo nuestro trabajo.

En la creación fuimos hechos para responder a Dios (personalmente), respondernos unos a otros (corporativamente) y responder a la creación (cósmicamente). La caída afecta a las tres áreas. Adán y Eva se esconden de Dios en lugar de caminar con Él en Génesis 3:8 (personal), Adán culpa a Eva y Eva culpa a la serpiente en Génesis 3:12-13 (corporativa), y la tierra está maldita en Génesis 3:17 (cósmica). La alienación afecta a los tres niveles. La redención influye en cada área que impacta la caída. Cristo murió por nosotros, resucitó por nosotros, reina en poder para nosotros y ora por nosotros según Romanos 8:34 (personal). Cuando aceptamos a Cristo, somos bautizados en su cuerpo de acuerdo con 1 Corintios 12:13 (corporativa). La redención se extiende a todo el cosmos. Hechos

CAPÍTULO 9: **TEOLOGÍA DEL TRABAJO**

3:21 habla acerca de la "restauración de todas las cosas". Romanos 8:19-21 indica que toda la creación "será libertada de la esclavitud" (cósmica). Finalmente, Dios restaurará toda la creación a través de un nuevo cielo y una nueva tierra. Hay dos palabras griegas para "nuevo". "*Neos*" es totalmente nuevo y "*kainos*" significa renovado. Casi en cada lugar donde la Biblia usa la palabra "nuevo" (nuevo nacimiento, nueva creación, etc.) se usa la palabra "*kainos*". Dios renovará su creación. Esto significa que nuestro trabajo puede participar en la redención de toda la vida. De hecho, es un medio importante para expresar esa redención.

6. Hay indicios de que parte de nuestro trabajo estará presente en los nuevos cielos y la nueva tierra.

En Apocalipsis 21:24-26 dice dos veces que los reyes de la tierra traerán la "gloria... de las naciones" a los nuevos cielos y la nueva tierra. Esto parece indicar que hay algo en la creatividad cultural única de cada nación que estará presente para que las personas lo aprecien por toda la eternidad. Esto nos hace preguntarnos qué productos creativos durarán por siempre.

7. Estamos llamados a glorificar a Dios en nuestro trabajo.

1 Corintios 10:31 indica que debemos darle gloria a Él en cómo comemos y bebemos y seguramente en cómo trabajamos. Nuestro trabajo debe hacerse para el Señor (Colosenses 3:23). El trabajo, ya sea en negocios, medicina, leyes, carpintería, construcción, recolección de basura o las artes, se puede hacer para la gloria de Dios y para nuestro Señor. Si nuestro trabajo se hace bien, Él podrá decir "buen siervo y fiel" (Mateo 25:23).

8. ¿Qué pueden hacer los pastores de personas?

Primero, cuidar su lenguaje. Ser pastor no es una vocación más elevada que ser carpintero. Segundo, buscar formas de reconocer el valor de las personas que hacen trabajos "seculares" en su congregación. Recuerde que esa persona puede ser un "ministro" incluso en un trabajo de gobierno (Romanos 13:4). Finalmente, fomentar la creatividad y el emprendimiento en su gente. Hugh Whelchel en su excelente libro *How Then Should We Work?* (¿Cómo entonces deberíamos trabajar?) dice: "A menos que los cristianos acepten la doctrina bíblica del trabajo, seguirán siendo ineficaces... incapaces de impactar la cultura que los rodea para la gloria de Dios y el avance de su reino".[15]

9. Recuperar una teología del trabajo puede alentar a una sociedad floreciente.

A lo largo de los siglos, las personas han deseado un camino que conduce a la prosperidad. Cuando trabajamos juntos con otras personas y atendemos a los clientes brindándoles buenos productos y servicios, aumentamos el bienestar de nuestra sociedad. Debemos utilizar nuestros talentos para el bien del reino: el gobierno y el reinado de Dios en la tierra y en el cielo (Mateo 25:14-30). La Biblia incentiva el "shalom", que florece en todas direcciones. El tipo de paz deseada se muestra en Miqueas 4:4. "Y se sentará cada uno debajo de su vid y debajo de su higuera, y no habrá quien los amedrente". Las Escrituras alientan este tipo de propiedad y goce de los frutos de nuestra labor. El estado resultante de florecimiento trae gloria a Dios y produce alegría, paz y seguridad.

CAPÍTULO 10

LO QUE LA BIBLIA DICE SOBRE EL GOBIERNO

Los Estados Unidos de América nacieron de un debate sobre el tamaño y el alcance del gobierno. Las colonias americanas tomaron distancia de Inglaterra sobre el tema. Luego, ellas ratificaron la Constitución de los Estados Unidos solo después de una larga deliberación sobre el papel y el alcance de su nuevo gobierno federal. Los primeros partidos políticos construyeron sus plataformas alrededor del tamaño y el papel del gobierno.

Este debate sigue definiendo la política estadounidense y también afecta la vida de las personas en muchos otros países. Claramente, es un tema controversial y multifacético.

Nuestra perspectiva sobre el gobierno tiene implicaciones masivas. Las leyes, regulaciones y los impuestos pueden afectar nuestra forma de trabajar, nuestra libertad de comercio, nuestra capacidad para convertirnos en empresarios y nuestro concepto de propiedad privada. Afectan nuestra capacidad para construir una sociedad floreciente. No es un tema fácil, pero ciertamente es importante.

¿Qué dice la Biblia? Algunos argumentan que ella enseña un gobierno limitado. Otros sostienen que enseña el marxismo o el socialismo, o al menos es consistente con algún tipo de gobierno grande. La Biblia no nos da una respuesta fácil en un solo versículo, pero nos proporciona algunas pautas.

¿Cuáles son algunas consideraciones que pueden ayudarnos a enmarcar este debate y trabajar hacia una conclusión? En este artículo, veremos el primero de los cuatro principios que nos dan el contexto para esta discusión:

- El gobierno es establecido por Dios.
- El papel del gobierno es más negativo que positivo.
- Gobierno limitado se adapta a un pueblo caído.
- La Biblia nos advierte sobre los gobiernos grandes.

El primer principio, que a menudo es olvidado, reconoce que Dios ha establecido gobiernos. Esto significa que, aunque el gobierno puede crecer más allá de su función adecuada para convertirse en abusivo, no es intrínsecamente malo.

Romanos 13: 1-7 es el *locus classicus* sobre el tema del gobierno. De hecho, el teólogo E. F. Harrison lo llama "el pasaje más notable en el Nuevo Testamento sobre la responsabilidad cívica cristiana".[16]

Romanos 13:1-2 dice:

> ...No hay autoridad sino de parte de Dios, y las que hay, por Dios han sido establecidas. De modo que quien se opone a la autoridad, a lo establecido por Dios resiste.

Este es un fuerte respaldo a la bondad intrínseca del gobierno, en su papel apropiado. Este respaldo se refuerza en el versículo 4, donde al gobierno se le llama dos veces "servidor de Dios". Nuevamente, en el versículo 6, los gobernantes se llaman "servidores de Dios". El teólogo John Murray escribe en su comentario *La Epístola a los Romanos*:

> Esta designación elimina todas las suposiciones de que la magistratura es malvada per se y sirve al bien solo en el sentido de que, como mal menor, restringe y contrarresta males mayores.[17]

Esto, por supuesto, no significa que todas las acciones del gobierno sean correctas. Tenga en cuenta que el término utilizado en los versículos 1 y 5 tienen que ver con "sujeción", y no "obedecer". Harrison comenta:

> Lo que requiere es sumisión, un término que exige ubicarse a sí mismo debajo de otra persona. Aquí y en el versículo 5 parece que evita usar la palabra más fuerte "obedecer", y la razón es que al creyente le puede resultar imposible cumplir con todas las demandas del gobierno. Puede surgir una circunstancia en la que debe elegir entre obedecer a Dios y obedecer a los hombres (Hechos 5:29). Pero incluso entonces debe ser sumiso en la medida en que, si sus convicciones cristianas no permiten su cumplimiento, aceptará las consecuencias de su negativa.[18]

CAPÍTULO 10: **LO QUE LA BIBLIA DICE SOBRE EL GOBIERNO**

Si el gobierno prohíbe lo que Dios manda o manda lo que Dios prohíbe, entonces los mandamientos de Dios tienen prioridad sobre la autoridad humana. Por ejemplo, los amigos de Daniel, Sadrac, Mesac y Abed-nego, optaron por desobedecer al rey Nabucodonosor y se enfrentaron a ser quemados vivos en lugar de adorar a los ídolos. Cuando Darío prohibió a sus súbditos que oraran a cualquiera que no fuera él mismo, Daniel desobedeció abiertamente.

Al mismo tiempo, estos hombres estaban entre los asesores más fieles y leales del rey. Le sirvieron con honestidad y fidelidad a pesar de sus numerosos errores. No eran ciegamente obedientes, pero estaban dispuestos a desafiarlo respetuosamente cuando era apropiado. No guardaron rencor ni conspiraron contra él, ni siquiera cuando él personalmente les hizo daño.

Tal debe ser nuestra actitud hacia el gobierno. No debemos obedecerle ciegamente, especialmente si exige que hagamos algo contrario a la ley de Dios. Sin embargo, es una institución ordenada por Dios, y debemos hacer todos los esfuerzos posibles para cumplir con sus leyes, mostrar respeto a nuestros líderes y participar en el proceso político cuando sea apropiado.

CAPÍTULO 11

C. S. LEWIS SOBRE LA CODICIA, EL EGOÍSMO Y EL INTERÉS-PROPIO

John Mackey, CEO de Whole Foods, afirma que los negocios están bajo ataque hoy. Hablando ante la Cámara de Comercio de Boston en febrero de 2013, dijo:

> La humanidad ha sido levantada por los negocios y, sin embargo, ha sido completamente secuestrada por sus enemigos que crean una narrativa de que los negocios son egoístas, codiciosos y explotadores.[19]

Los negocios proporcionan un buen contexto para pensar bíblicamente sobre el egoísmo, el interés propio y la codicia. ¿Todos los empresarios son egoístas? Ciertamente no. Además, el egoísmo no es exclusivo del mundo de los negocios. Hay maestros egoístas, médicos, pastores y bomberos. El egoísmo afecta a todos.

La pregunta más apremiante, sin embargo, se refiere al interés propio. ¿Es el interés propio necesariamente egoísta?

La Biblia nos dice que no sigamos nuestra carne o nuestros corazones, porque son propensos al egoísmo y al pecado (Prov. 4:23; Jer. 17: 9; Rom. 7:18).

La Biblia también nos llama a cuidar a los pobres y vivir una vida de sacrificio personal (Mat. 25:35, Juan 15:13). ¿Cómo deben los cristianos entender el egoísmo?

C. S. Lewis escribió mucho sobre la tensión entre el interés propio y el egoísmo, ofreciendo una claridad renovada sobre estos temas. Para Lewis, hay una gran diferencia entre el interés propio y el egoísmo, y hay un lugar adecuado para el interés propio en nuestras vidas.

Cuando Lewis llegó a la fe por primera vez, no pensó en la vida eterna, sino que se enfocó en disfrutar a Dios en esta vida. Más tarde Lewis dijo que los años que pasó sin centrarse en las recompensas celestiales "siempre me han parecido de gran valor",[20] porque enseñaron a deleitarse en Dios por encima de cualquier perspectiva o recompensa. Sería erróneo desear de Dios únicamente lo que él podría darle a usted, sin deleitarse en Dios mismo.

Lewis nunca menospreció el lugar de las recompensas celestiales, pero vio que la paradoja de la recompensa podría ser un obstáculo para algunos. Por un lado, la fe más pura en Dios cree en él por "nada" y no está interesado principalmente en ningún beneficio a seguir. Por otro lado, el concepto de que somos recompensados por lo que hacemos se enseña en numerosos pasajes bíblicos y, presumiblemente, es una motivación positiva para hacer lo que es bueno.

Ciertamente, un enfoque único en las recompensas podría complacer el egoísmo. Lewis discute esta paradoja en su libro *English Literature in the Sixteenth Century* (Literatura Inglesa en el siglo XVI):

> Tyndale, en lo que respecta a la condición de la humanidad sostiene que, por naturaleza, no podemos hacer buenas obras sin el respeto de alguna ganancia, ya sea en este mundo o en el mundo venidero.... Que la ganancia debería estar ubicada en otro mundo significa, como Tyndale claramente ve, que no hay diferencia. El hedonismo teológico es todavía hedonismo. Ya sea que el hombre esté buscando el cielo o cien libras, todavía puede buscarse a sí mismo. De la libertad en el verdadero sentido de espontaneidad o desinterés, la naturaleza no sabe nada. Y, sin embargo, por una terrible paradoja, tal desinterés es precisamente lo que exige la ley moral.[21]

Una forma de resolver la tensión entre creer por nada y creer por una recompensa es darse cuenta de que el interés propio no es lo mismo que el egoísmo. Algunos sostienen que Marcos 8:35-36 es el pasaje de las Escrituras más citado por Lewis. Jesús apela al interés propio como motivo para negarse a sí mismo, diciendo: "Porque todo el que quiera salvar su vida, la perderá; y todo el que pierda su vida por causa de mí y del evangelio, la salvará. Porque ¿qué aprovechará al hombre si ganare todo el mundo, y perdiere su alma?" Se nos alienta a "salvar" realmente nuestra vida y a no "perder" nuestra vida o nuestra alma. El atractivo es para nuestro propio interés.

CAPÍTULO 11: C. S. LEWIS SOBRE LA CODICIA, EL EGOÍSMO Y EL INTERÉS-PROPIO

A menos que tengamos una razón suficiente para sacrificar algo que amamos, el costo siempre será demasiado alto. Lewis expresa este dilema en el último párrafo de *Mero Cristianismo*:

> El principio recorre toda la vida de arriba hacia abajo. Ríndete y encontrarás tu verdadero yo. Pierde tu vida y la salvarás. Sométete a la muerte, a la muerte de tus ambiciones y deseos favoritos cada día y a la muerte de todo tu cuerpo al final: sométete con cada fibra de tu ser y encontrarás la vida eterna. No retengas nada. Nada que no hayas entregado será realmente tuyo. Nada en ti que no haya muerto nunca será resucitado de entre los muertos. Búscate a ti mismo y, a la larga, encontrarás solo odio, soledad, desesperación, rabia, ruina y decadencia. Pero busca a Cristo y lo encontrarás, y con Él todo lo demás será arrojado.[22]

No es nuestro interés propio ser egoístas. Más bien, la abnegación está en nuestro propio interés.

Lewis argumenta en otra parte, que el interés propio no necesariamente hace que nuestros motivos sean impuros. Él dice en *El Problema del Dolor*:

> Tenemos miedo de que el cielo sea un soborno, y que, si lo convertimos en nuestra meta, ya no tendremos más interés. No es tan así. El cielo no ofrece nada que un alma mercenaria pueda desear. Es seguro decirles a los puros de corazón que verán a Dios, porque solo los puros de corazón lo desean. Hay recompensas que no manchan los motivos. El amor de un hombre por una mujer no es mercenario porque quiere casarse con ella, ni su amor por la poesía mercenaria porque quiere leerla, ni su amor por el ejercicio menos desinteresado porque quiere correr, saltar y caminar. El amor, por su propia naturaleza, busca disfrutar de su objeto.[23]

Cuando estamos perdidos en el asombro, el temor y la alabanza de Dios, podemos sentirnos más felices y menos conscientes de nosotros mismos. Cuando estamos enfocados en Dios, no estamos enfocados en nosotros mismos. Lewis resume esta experiencia inconsciente: "Los momentos más felices son cuando olvidamos nuestro precioso ser... pero en su lugar tenemos todo lo demás (Dios, nuestros semejantes, los animales, el jardín y el cielo)". En esta experiencia, estamos persiguiendo nuestro propio gozo, pero no egoístamente.

En su clásico sermón *El Peso de la Gloria*, Lewis articula este mismo dilema entre el egoísmo y el interés propio ("desinterés"):

> Nuestro Señor encuentra nuestros deseos no son demasiado sólidos, sino muy débiles. Somos criaturas poco entusiastas, jugando con la bebida, el sexo y la ambición cuando se nos ofrece una alegría infinita, como un niño ignorante que quiere seguir haciendo pasteles de barro en un barrio pobre porque no puede imaginar lo que significa la oferta de vacaciones junto al mar. Somos demasiado fáciles de satisfacer.[24]

Podríamos no perseguir nuestro propio interés lo suficientemente fuerte. A menudo nos conformamos con el deseo egoísta y nos privamos de la "alegría infinita". Todos estamos demasiado contentos con los escasos placeres que obtenemos y decimos "NO" a un placer mayor, superior e infinito. Cuanto más perseguimos nuestro propio interés propio, más glorificaremos a Dios. Es por nuestro propio interés renunciar a los placeres menores que pueden satisfacer por un tiempo, pero tarde o temprano nos llevarán a "odio, soledad, desesperación, rabia, ruina y decadencia".

La distinción entre interés propio y egoísmo parece ser tan borrosa en el discurso público actual que el interés propio casi significa egoísmo. Pero Lewis claramente cree que el interés propio no era necesariamente egoísta, y que el egoísmo no está en nuestro interés propio. Si perseguimos nuestro propio interés, nos negaremos a nosotros mismos y elegiremos la vida eterna y la vida verdadera en el presente. Condenar el egoísmo es nuestro legítimo interés personal.

CAPÍTULO 12

PROPIEDAD PRIVADA

¿Por qué algunas sociedades han provocado tanto sufrimiento humano? Una razón fundamental del colapso de muchos de estos países ha sido la falta de respeto a la propiedad privada en todas sus formas.

La realidad es que las leyes de propiedad privada han sido claves, tal vez incluso *la* clave, para el florecimiento económico de occidente. ¿Por qué? ¿Puede la Biblia ayudarnos a comprender por qué la propiedad privada es tan importante para la prosperidad humana?

Énfasis Bíblico de la Propiedad Privada

Dos de los Diez Mandamientos sostienen implícitamente la propiedad privada. "No robarás" y "No codiciarás" prohíben tanto el deseo de robar como el robo real de la propiedad privada (Éxodo 20:15; 20:17). La prohibición de robar significa, por lo menos, que está mal tomar la propiedad de otra persona sin su permiso.

La prohibición divina de remover los límites ocurre cinco veces a lo largo del Antiguo Testamento.

- Deuteronomio 19:14 dice: "No reducirás los límites de la propiedad de tu prójimo, que fijaron los antiguos".
- Este mandato se repite en Deuteronomio 27:17: "Maldito el que redujere el límite de su prójimo".
- Proverbios 22:28 dice: " No traspases los linderos antiguos que pusieron tus padres".
- Proverbios 23:10 advierte: "No traspases el lindero antiguo, ni entres en la heredad de los huérfanos".

- Tome en cuenta también Job 24: 2, que incluye en una lista de los que hacen el mal: "Traspasan los linderos, roban los ganados y los apacientan".

Dios también aborda el tema del robo en 1 Reyes 21. En este clásico ejemplo, el rey Acab vio la viña de Nabot, que era cercana a la suya y la codició. Acab ofreció intercambiar otro viñedo por el de Nabot o comprárselo. Nabot se negó con firmeza y dijo: "Guárdeme Jehová de que yo te dé a ti la heredad de mis padres" (1 Reyes 21:3).

La esposa de Acab, Jezabel, ideó un plan para matar a Nabot y robar su tierra. El plan fue ejecutado y tuvo éxito. El profeta Elías, sin embargo, pronunció un juicio severo sobre Acab y Jezabel por este hecho perverso.

La preocupación de Naboth por preservar la herencia de sus padres se subraya de nuevo en Levítico 25:23: "La tierra no se venderá a perpetuidad, porque la tierra mía es". En el cuadro bíblico más amplio, Dios es, estrictamente hablando, el Dueño de toda la tierra. Él designa a los creyentes como sus mayordomos y espera que ellos ejerzan un gobierno o dominio creativo con la tierra que se les otorga (Génesis 1:26-28).

En el contexto de Levítico 25, la Tierra Prometida se dividió entre las tribus y entre las familias dentro de las tribus. Las parcelas originales de tierra debían permanecer perpetuamente con los propietarios originales. Las leyes de jubileo establecidas por el Antiguo Testamento ordenaban que, sin importar lo irresponsable que pudiera ser un miembro de la familia, la tierra regresaría a la familia biológica cada cincuenta años. Las leyes de jubileo subrayaron la santidad de la propiedad privada en la época de una sociedad agraria, donde la tierra era crucial para la prosperidad.

La prohibición contra el robo no era, por supuesto, exclusiva de los antiguos judíos. El erudito del Antiguo Testamento, Walter Kaiser, señala que "Roma hizo que este crimen sea castigado con la muerte, o sea que ellos consideraron seriamente esa acción".[25]

Los cristianos del Nuevo Testamento heredaron esta prohibición:

- En el Nuevo Testamento, Jesús reitera al joven rico algunos de los Diez Mandamientos, que incluyen "No hurtarás" (Marcos 10:9; Lucas 18:20).

- Después de conocer a Jesús, Zaqueo promete restituir cuatro veces a los que ha defraudado (Lucas 19:8).
- En Romanos, Pablo argumenta que el octavo mandamiento es parte de lo que significa amar al prójimo como a sí mismo (Romanos 13:9).
- En 1 Corintios 6:9-10, Pablo enumera a los ladrones habituales como aquellos que no heredarán el reino de Dios. Pablo claramente declara: "El que hurtaba, no hurte más, sino trabaje, haciendo con sus manos lo que es bueno, para que tenga qué compartir con el que padece necesidad" (Efesios 4:28).
- Incluso el controvertido pasaje de Hechos 2-5 no es una excepción. En ese caso, los primeros creyentes retuvieron la propiedad privada mientras compartían voluntariamente lo que tenían a través de lo que parece haber sido un arreglo temporal.

A partir de esto, es evidente que el Nuevo Testamento reafirma enfáticamente la prohibición de robar, lo que claramente implica la defensa de la propiedad privada.

Implicaciones

Si bien existe una prohibición casi universal contra el robo en varias tradiciones religiosas, no debería sorprender que las leyes de propiedad privada se desarrollen de manera más rica en el occidente cristiano. Estas leyes se desprenden muy naturalmente de la cosmovisión cristiana y son esencialmente una interpretación política y económica de esta verdad bíblica. La enseñanza bíblica sobre la propiedad privada tiene implicaciones para nuestra perspectiva económica. Para decirlo sin rodeos, si la propiedad privada es buena, entonces el marxismo es malo. Marx declaró en su *Manifiesto del Partido Comunista* que "la teoría de los comunistas puede resumirse en una sola oración: Abolición de la propiedad privada".[26]

Propiedad Privada y Pobreza

El economista peruano Hernando de Soto aborda la centralidad de los derechos de propiedad al abordar la pobreza en su libro titulado *El Misterio del Capital: por qué el capitalismo triunfa en occidente y fracasa en el resto del mundo*. Argumenta que incluso las naciones más pobres tienen activos más que suficientes para tener éxito.

Entonces, ¿por qué tantos siguen siendo tan pobres? La tierra solo se convierte en propiedad cuando existen leyes de propiedad y titulación que son ampliamente reconocidas. De Soto sostiene que la propiedad de la tierra bajo los pies de los pobres, gran parte de la cual carece de documentos, debe formalizarse a través de las leyes de propiedad que hagan posible que estos activos se utilicen para créditos, hipotecas, préstamos, etc. Este es el misterio del capital que ha permitido a tantos países erradicar la pobreza absoluta y disfrutar de una riqueza generalizada.[27]

Damos estas cosas por sentado en Occidente. El teólogo John Schneider lo expresa bien:

> En los Estados Unidos, un adolescente normal que carece de madurez, conocimiento o cualquier habilidad notable en cualquier cosa, puede deslizar una tarjeta de crédito en una ranura del surtidor de combustible y hacer de inmediato el misterio mágico del capital. Sus padres dan por sentado que pueden tener una hipoteca o un préstamo para su negocio, que les permitirá asegurar, entre otras muchas cosas, los cuatro años necesarios en la universidad.[28]

Pero para tener este tipo de crédito, se necesitan leyes de propiedad privada seguras, una dirección fija para enviar facturas y cobrar impuestos, una base para verificar el historial de crédito, acceso a servicios públicos y una base para hipotecas basadas en valores que pueden ser vendido. Como hemos heredado todas estas cosas, a menudo las damos por sentado.

CAPÍTULO 12: **PROPIEDAD PRIVADA**

En las naciones más pobres, estas condiciones no existen o existen en una forma muy imperfecta. El proceso para adquirir formalmente la propiedad puede ser desalentador en esos lugares.

De Soto dice:

> Imagine un país donde nadie puede identificar quién posee qué, las direcciones no se pueden verificar fácilmente, las personas no pueden pagar sus deudas, los recursos no se pueden convertir convenientemente en dinero, la propiedad no se puede dividir en acciones, la descripción de los activos no está estandarizada y no puede ser fácilmente comparada, y las reglas que rigen la propiedad varían de un barrio a otro o incluso de una calle a otra. Acaba de ponerse en la vida de un país en vías de desarrollo o de una antigua nación comunista.[29]

Claramente, establecer un acceso fácil y rápido a derechos de propiedad completamente documentados es una condición previa fundamental para que un país pase de la pobreza a la prosperidad.

Conclusión

Las señales que indican la propiedad privada en occidente son más que simples tabúes. Simbolizan todo un sistema de leyes y costumbres culturales que se han desarrollado a lo largo del tiempo. Estos están arraigados en la enseñanza bíblica y deben proporcionar una clave interpretativa para nuestros puntos de vista económicos.

Las leyes de propiedad privada también apuntan hacia la solución. Una clave para abordar la pobreza en todo el mundo es el establecimiento de leyes de propiedad privada claras y exigibles.

Muchos estados occidentales disfrutan de las leyes de propiedad privada y han prosperado gracias a ellas. La próxima vez que vea un cartel de propiedad privada, recuerde que esta ha sido una clave bíblica para el éxito de occidente y que debemos recomendarla al mundo en vías de desarrollo.

CAPÍTULO 13

LA TENTACIÓN DEL "CÍRCULO ÍNTIMO"

Uno de los ensayos más memorables de C. S. Lewis se titula "The Inner Ring" (El Círculo Íntimo). Describe la experiencia y el deseo de todos nosotros en diversas etapas de la vida: ser aceptado dentro del "círculo interno" de cualquier grupo que nos importe en ese momento.

Percibirse "excluido" o "fuera de él" es un sentimiento miserable. Sin embargo, el deseo de estar "en" puede hacer que usted diga cosas que de otra manera no diría, o que no diga lo que debería decir. Este deseo de estar dentro del grupo al que aspira puede afectar su trabajo, sus afiliaciones políticas, sus relaciones en la comunidad y en la iglesia.

Para los pastores, hay tentaciones en la iglesia y en las políticas denominacionales, así como en el estatus en la comunidad o en las asociaciones de pastores. C. S. Lewis dice,

> Creo que, en la vida de todos los hombres en ciertos períodos, y en la vida de muchos hombres, en todos los períodos entre la infancia y la vejez extrema, uno de los elementos más dominantes es el deseo de estar dentro del círculo local y el terror de quedarse afuera de él.[30]

En la escuela, puede desear estar en el gobierno estudiantil, en un equipo deportivo, en un club, o simplemente ser aceptado por los chicos "geniales". En la universidad tal vez el deseo de ser parte de una fraternidad o hermandad.

En el trabajo, tal vez el deseo sea ser "socio" en un bufete de abogados, obtener una promoción, ser parte del equipo ejecutivo.

En la iglesia, podría ser el deseo de ser un anciano, estar en la sacristía o en la junta de diáconos. Para un pastor, ser "exitoso" en tener una congregación en crecimiento.

Estos deseos no son necesariamente erróneos en sí mismos. Ciertos círculos íntimos son inevitables. Alguien tiene que estar en el gobierno estudiantil, convertirse en un socio, ser un líder en una denominación, obtener un ascenso o ser un anciano, y no es incorrecto desear esa posición o influencia. Sin embargo, como dice Lewis:

> El deseo que nos lleva a los círculos íntimos es otro asunto. Una cosa puede ser moralmente neutral y, sin embargo, el deseo por aquello puede ser peligroso ... A menos que usted tome medidas para evitarlo, este deseo será uno de los motivos principales de su vida, desde el momento en que ingresa a su profesión hasta que es demasiado viejo para preocuparse ... Si no hace nada al respecto, si se deja llevar por la corriente, de hecho, será "miembro del círculo íntimo". No digo que sea exitoso; eso podría suceder o no. Pero ya sea por insinuar o por lamentarse fuera de los anillos a los que nunca puede entrar, o al pasar triunfalmente más y más lejos, de una forma u otra usted será ese tipo de persona.[31]

Tendrá ciertas opciones que serán como una encrucijada, enviándole por un camino u otro, hacia la virtud o hacia el vicio. La elección será usualmente sutil y pequeña. Tal vez se está reuniendo con su jefe y surge algo que sugiere que no es muy ético. Así como usted está siendo examinado para una promoción o para ser un socio de la firma, se indica que "nosotros" siempre lo hacemos de esta manera. Lewis dice:

> Y será atraído, si le atrae, no por un deseo de ganancia o facilidad, sino simplemente porque en ese momento, cuando la copa estaba tan cerca de sus labios, no puede soportar ser empujado de nuevo al frío mundo exterior. Sería tan terrible ver la cara de otro hombre, esa cara genial, confidencial, deliciosamente sofisticada, volverse repentinamente fría y despectiva, saber que usted ha sido juzgado por el Círculo Íntimo y que le han rechazado.[32]

Si cede a ese primer compromiso, puede ser llevado a otro y otro más. Hay una antigua expresión: "Siembre un pensamiento, cosechará un acto; siembre un acto, cosechará un hábito; siembre un hábito, cosechará un carácter; siembre un carácter, cosechará un destino". Ese primer acto de transigencia moral puede llevarle a otros actos que se convertirán en un hábito que moldea su carácter y destino.

Lewis dice que eso puede eventualmente "terminar en un choque, un escándalo y presidio: puede terminar en millones, nobleza y dando premios en su antigua escuela. Pero será un sinvergüenza".[33] Esa primera componenda pequeña puede conducir de manera un tanto inocente a un camino hacia la corrupción real.

Por ejemplo, conocí a un farmacéutico que terminó en una prisión federal. Me dijo que una vez había vendido un medicamento sin prescripción a alguien que se lo había pedido. Con el tiempo, esa primera venta condujo a otras numerosas y estableció un patrón de distribución de drogas. Me dijo que cuando vendió ilegalmente la medicina por primera vez, nunca imaginó que terminaría en la cárcel. Ese primer acto llevó a un hábito que impactó profundamente su destino.

Pero, ¿qué tal si logra "ingresar al círculo"? ¿Le llevará a la satisfacción que busca? Puede obtener algo, pero no obtendrá lo que quería. Lewis dice:

> Mientras esté gobernado por ese deseo, nunca obtendrá lo que desea. Está tratando de pelar una cebolla; si tiene éxito no quedará nada. Hasta que usted conquiste el miedo de ser un desconocido, desconocido permanecerá.[34]

Si "se mete", la emoción inicial no durará. Tarde o temprano tendrá que buscar un nuevo timbre para ingresar.

Entonces, ¿qué debería hacer? No desee el círculo íntimo, pero haga un buen y excelente trabajo que le pondrá en el círculo que realmente importa. Lewis dice:

> La búsqueda del Círculo Íntimo romperá su corazón a menos que usted rompa aquella. Pero si la rompe, le llegará un resultado sorprendente. Si en sus horas laborables hace que el trabajo sea su fin, en ese momento se encontrará, sin saberlo, dentro del único círculo en su profesión que realmente importa. Usted será uno de los artesanos buenos, y los otros artesanos buenos lo sabrán.[35]

Esto puede no llevarle a la fama, la fortuna o la influencia, pero le llevará al respeto de aquellos que conocen el campo. Esta búsqueda de un buen trabajo a menudo conducirá a la amistad, personas que ven las mismas verdades y valoran las mismas cosas. Encontrará que este círculo no es exclusivo en el mismo sentido que antes, sino que incluye a aquellos que comprenden estos frutos y valores comunes.

Por lo tanto, es mejor no buscar la admisión a los momentos gloriosos de la época, no porque estén sobre nuestra cabeza o más allá de nosotros, sino porque puede que no seamos lo suficientemente buenos para resistir las tentaciones relacionadas con estar en el poder o cerca del poder.

Una vez se le pidió a Jim Houston, fundador del Instituto C. S. Lewis, que se mudara a Washington DC. No lo hizo, y una de las razones principales fue que no sentía que pudiera soportar las tentaciones espirituales de dirigir un ministerio en un centro de poder político tan grande.

Sería bueno reflexionar sobre nuestra propia situación. ¿En qué círculo desea entrar? ¿Los círculos en los que usted está han dañado su efectividad espiritual? ¿Necesita orar por la liberación de esa tentación de desear la aceptación en más círculos íntimos? ¿Necesita hablar con un amigo, un pastor, un consejero o un mentor sobre este tema?

Sobre todo, concéntrese en hacer bien su trabajo y deje que los resultados vengan por sí mismos.

CAPÍTULO 14

CINCO MITOS SOBRE EL JUBILEO

La práctica bíblica del jubileo, que encontramos en Levítico 25, es cada vez más prominente en las discusiones sobre justicia, pobreza y alivio de la deuda. Muchos autores evangélicos mencionan el jubileo como un ejemplo bíblico de perdón de deudas y redistribución de tierras. También ha ganado la atención popular en los medios de comunicación.

El jubileo ha sido ofrecido por varias fuentes como una solución a nuestra crisis económica actual. En *Forbes*, Erik Kain preguntó: "¿Podría un jubileo de la deuda ayudar a reactivar la economía?"[36] Reuters describió a economistas[37] que están considerando seriamente al jubileo como una herramienta para terminar con la recesión, y el *Huffington Post* vinculó la práctica con las demandas del movimiento *Occupy Wall Street*.[38] En una época de una aplastante deuda federal y de los consumidores, una práctica que perdona las cargas financieras se está volviendo muy popular, como es natural.

¿Pero cuál es el contexto para la práctica bíblica del jubileo? Cuando los israelitas llegaron a la Tierra Prometida, Dios distribuyó la tierra a las 12 tribus (Josué 13:7, 23:4). El propósito de la ley del jubileo era mantener la tierra en manos de las tribus y las familias a las que se había dado la tierra en primer lugar.

En Levítico 25:8-10, se debe soplar un cuerno de carnero el día de la expiación del año 50 (o el 49), y cada familia debe regresar a su propiedad. Los versículos 15-16 detallan cómo debería funcionar este proceso:

> Conforme al número de los años después del jubileo comprarás de tu prójimo; conforme al número de los años de los frutos te venderá él a ti. Cuanto mayor fuere el número de los años, aumentarás el precio, y cuanto menor fuere el número, disminuirás el precio; porque según el número de las cosechas te venderá él.

Hoy en día, muchos mitos persisten sobre esta antigua práctica. Trataremos con cinco de los principales.

Mito 1: Jubileo significa el perdón de la deuda.

Está claro en el texto del Antiguo Testamento y para muchos comentaristas que en Levítico 25, el jubileo no implica el perdón de la deuda, al menos no en la forma en que normalmente usamos el término. No hay deuda perdonada porque esta ya ha sido pagada. Déjeme explicar esto. Si los miembros de la familia israelita tienen una deuda, pueden pedirle a la persona que cultiva sus tierras un pago total único con un precio fijado de acuerdo con el número de años anteriores al jubileo. El precio se determinaría por la cantidad proyectada de cultivos que se cederían antes del jubileo. Para ponerlo en términos modernos, si usted tuviera una deuda de $ 250,000, hay cinco años antes del jubileo, y cada cosecha es valorada en $ 50,000, entonces el "comprador" le otorgaría a usted $ 250,000 por los derechos para cultivar la tierra, y en la época de jubileo, usted recibiría su tierra de vuelta porque la deuda ya fue pagada.

Así que el "comprador" no es realmente dueño de la tierra, sino que la arrienda. La deuda es pagada por la explotación de la tierra (cultivos). No sabemos exactamente cómo se determinó el precio para cada año de cultivos, dada la incertidumbre debida al mal tiempo u otros factores que podrían llevar a una cosecha pobre o pérdida. Quizás el precio tuvo en cuenta que algunos años serían más rentables que otros.

En el momento del jubileo, por supuesto, usted se alegraría de que su deuda hubiera sido pagada y su tierra hubiera vuelto a su dominio completo, pero no agradecería al arrendador por "perdonar" su deuda. La declaración de jubileo podría ser análoga a una "fiesta de quema de la hipoteca". Usted celebraría con amigos que esta deuda significativa fue pagada. La deuda no es "perdonada" o "cancelada" porque está pagada.

Numerosos comentaristas avalan este entendimiento. Por ejemplo, Derek Tidball dice: "Comprar la tierra fue como comprar un contrato de arrendamiento".[39] R. K. Harrison dice: "Solo el producto de la tierra podría ser apropiadamente comprado o vendido".[40]

Mito 2: El jubileo implica una redistribución de la riqueza (tierra).

He oído decir que el jubileo es el ejemplo supremo de una redistribución legal (gubernamental) obligatoria de la riqueza. Así que el argumento dice: Dios exige que la ley se redistribuya cada 50 años.

Sin embargo, si el jubileo no involucró el perdón de la deuda, y en cambio celebró una deuda pagada, entonces no hay redistribución de la riqueza. No hay redistribución porque la tierra nunca dejó la propiedad de la familia original a quien Dios le dio la tierra.

El jubileo mantiene la tierra y la riqueza en el mismo lugar donde comenzaron. La riqueza y la tierra no se redistribuyen a una familia diferente. Se devuelven al mismo según la distribución original de Dios.

Mito 3: Jubileo muestra la naturaleza relativa de la propiedad privada.

Este mito pretende que, dado que Dios posee la tierra, no hay derechos absolutos sobre la propiedad privada. Si no hay derechos absolutos sobre la propiedad privada, tierra o riqueza, esto proporciona una garantía para que el gobierno tome la propiedad privada y la redistribuya.

En realidad, el jubileo respeta los derechos de propiedad al devolver la tierra a sus propietarios originales. Dios es dueño de la tierra, pero ha entregado la Tierra Prometida a las tribus y familias de Israel con la condición de que la propiedad privada no pueda ser vendida, desperdiciada o regalada de forma permanente. Los derechos de propiedad permanecen con la tribu o la familia que recibió la tierra en primer lugar.

El jubileo subraya el valor y la importancia de la propiedad privada para las tribus de Israel. La familia no está privada de forma permanente de sus tierras. Más bien, los derechos de propiedad privada en Israel se establecieron permanentemente y se hicieron cumplir por la práctica del jubileo.

Mito 4: El jubileo conduce a la igualdad de ingresos.

Algunos sostienen que la "redistribución" periódica de la tierra en el jubileo evitó que los ricos ganaran más riqueza y que los pobres descendieran más profundamente en la pobreza. Pero no hay nada en el pasaje que necesariamente prevenga la desigualdad de ingresos.

El jubileo ciertamente impidió que una sola persona o un pequeño grupo de personas comprara la mayor parte o la totalidad de la tierra, aquellos "que juntan casa a casa, y añaden heredad a heredad hasta ocuparlo todo" (Isaías 5:8). Lo que el jubileo no hizo fue evitar que algunas personas se volvieran más ricas que otras. Podían comprar casas en pueblos que entonces eran posesiones permanentes (Levítico 25:30). Si obtuvieran una ganancia durante su arrendamiento, podrían arrendar aún más tierras durante los próximos 50 años.

La intención primaria de la ley no es la igualdad económica. Más bien, Dios quería evitar que los israelitas perdieran su capacidad de disfrutar de la Tierra Prometida.

Él prometió a su gente la libertad de la esclavitud y una tierra que fluye "leche y miel", donde podrían prosperar y disfrutar de la vida, utilizando su creatividad para cultivar la tierra y disfrutar de los frutos de su trabajo.

El propósito del jubileo no era la igualdad de ingresos, sino que ningún israelita perdiera permanentemente el placer de sentarse "debajo de su vid y debajo de su higuera" (Miqueas 4:4).

Mito 5: El jubileo es un principio universalmente aplicable.

En realidad, el jubileo se aplicaba solo a los israelitas. Este es otro punto significativo omitido casi por completo de la narrativa normal acerca del jubileo.

Los no israelitas podrían haber sido capaces de arrendar tierras o emplear siervos contratados. No podían poseer permanentemente la tierra (Levítico 25:47). Solo los israelitas podían poseer tierras (Levítico 25:44-46). No hubo redistribución o devolución de tierras a los extranjeros. Las personas más pobres de la tierra (viudas, huérfanos y extranjeros) debían ser incluidas en las fiestas, pero no tenían derechos de propiedad fuera de las ciudades amuralladas.

El Jubileo y el Estado

Este enfoque histórico-redentor para comprender el jubileo tiene la ventaja de evitar los debates sobre el capitalismo o el socialismo. Dadas las complejidades y los malentendidos que rodean al jubileo, las aplicaciones actuales de esta práctica no están claras de inmediato. No son tan fáciles de interpretar y aplicar como los que perpetúan estos mitos quieren mantener. Pero está claro que el jubileo no puede ser usado para defender la redistribución de la riqueza por parte del estado.

Por supuesto, incluso si la Biblia no requiere que el estado redistribuya la riqueza, el estado todavía puede hacerlo. Si el estado es el mejor vehículo para satisfacer las necesidades de las personas pobres es un tema aparte.

Se debe argumentar que el estado debería proporcionar una red de seguridad para los pobres. Pero la participación del estado no exime a los cristianos de responsabilidad individual o corporativa. Ciertamente, los cristianos deben preocuparse por los pobres, el extranjero, la viuda y el huérfano porque Dios nos exige que lo hagamos. Jesús dice que el que sirve a uno de los "más pequeños" le sirve a él (Mateo 25:45).

Los mandatos bíblicos no se dan al estado impersonal y secular, sino a los cristianos para que cuiden personalmente a los necesitados con nuestro tiempo y tesoro.

Lea el artículo completo del Dr. Lindsley sobre este tema en https://tifwe.org/resource/five-myths-about-jubilee/.

CAPÍTULO 15

¿EL LIBRO DE LOS HECHOS ENSEÑA EL SOCIALISMO?

"Al cristianismo estadounidense le ha ocurrido algo realmente extraño", escribe Gregory Paul para el blog "On Faith" (Sobre la Fe) del *Washington Post*. Afirma que los cristianos que defienden el mercado libre se encuentran en una profunda contradicción porque Hechos 2-5 es "un socialismo absoluto del tipo descrito milenios más tarde por Marx, que probablemente obtuvo la idea general de los Evangelios".[41]

¿Establece realmente Hechos 2-5 el socialismo? Una lectura rápida de estos capítulos puede hacer que lo parezca. Hechos 2:44-45 dice que inmediatamente después de Pentecostés, "Todos los que habían creído estaban juntos, y tenían en común todas las cosas; y vendían sus propiedades y sus bienes, y lo repartían a todos según la necesidad de cada uno". Y Hechos 4:32-35, refiriéndose a la congregación primitiva, dice:

> Y la multitud de los que habían creído era de un corazón y un alma; y ninguno decía ser suyo propio nada de lo que poseía, sino que tenían todas las cosas en común… Así que no había entre ellos ningún necesitado; porque todos los que poseían heredades o casas, las vendían, y traían el precio de lo vendido, y lo ponían a los pies de los apóstoles; y se repartía a cada uno según su necesidad.

Aunque estos pasajes pueden sonar como un socialismo para el lector promedio, tal lectura superficial puede pasar por alto lo que revela un examen más detallado del texto. Hay tres razones principales por las que Hechos 2-5 no enseña el socialismo.

Este No Es un Ejemplo de una Verdadera Comuna

Hechos 2-5 retrata un espíritu de compartir comunitario en lugar de una comuna real. Las personas no vendieron todo lo que tenían a título legal, como suelen hacerlo en una comuna. Esto se evidencia por los verbos imperfectos utilizados a lo largo de los pasajes. Craig Blomberg dice en su estudio *Neither Poverty nor Riches* (Ni Pobreza ni Riquezas), "Los versículos 43-47 (del capítulo 2) están dominados por verbos en modo imperfecto muy marcados, mientras que uno normalmente espera aoristos (acciones de una vez por todas) en la narrativa histórica. No hay una venta de bienes de una vez por todas a la vista aquí, sino actos periódicos de caridad según surgieron las necesidades".[42]

Este punto es aún más claro en Hechos 4-5. La traducción de Hechos 4:34b-35 de la NIV (New International Version, en inglés) dice: "De vez en cuando, quienes poseían tierras o casas las vendían, traían el dinero de las ventas y lo ponían a los pies de los apóstoles". Blomberg comenta:

> Una vez más, aquí tenemos una serie de verbos imperfectos, esta vez explícitamente reflejados en la NIV "de vez en cuando". La venta periódica de bienes confirma nuestra interpretación de Hechos 2:44 arriba. Esto no fue una venta de una sola vez de todas las posesiones de uno. El tema "según la necesidad", reaparece también. Curiosamente, lo que no aparece en este párrafo es cualquier declaración de completa igualdad entre los creyentes.[43]

John Stott afirma las conclusiones de Blomberg sobre la propiedad en la iglesia primitiva, y también subraya el uso del tiempo imperfecto por parte de Lucas:

> Ni Jesús ni sus apóstoles prohibieron la propiedad privada a todos los cristianos… Es importante tener en cuenta que incluso en Jerusalén el intercambio de bienes y posesiones fue voluntario… También es digno de mencionar que el tiempo de ambos verbos en el versículo 45 es imperfecto, lo que indica que la venta y la donación fueron ocasionales, en respuesta a necesidades particulares, no de una vez por todas.[44]

También hay razones suficientes para creer que los primeros seguidores de Cristo no vendieron todo lo que tenían, sino que ocasionalmente vendieron parte de sus posesiones y dieron las ganancias a los apóstoles para su distribución. Por ejemplo, en Hechos 5, Ananías vendió una propiedad (v. 1) y se quedó con una parte de las ganancias para él y su esposa, Safira. El problema no era que tuvieran que vender sus posesiones y entregar todo el producto de su tierra a los apóstoles, sino que Ananías mintió sobre el verdadero precio que recibió por la tierra (v. 7). Pedro señala que podía dar o mantener el dinero como le pareciera (v. 4), pero aún así le mintió a Pedro y al Espíritu Santo (v. 5).

Pero incluso si, por el bien de la discusión, concedemos que todos los creyentes vendieron todas sus posesiones y las redistribuyeron entre la comunidad, esto todavía no probaría que el socialismo sea bíblico. Las siguientes dos razones explican por qué.

El Acto en Hechos Fue Totalmente Voluntario

El socialismo implica coacción por parte del Estado, pero estos primeros creyentes contribuyeron libremente con sus bienes. No hay ninguna mención del Estado en Hechos 2-5. En otras partes de las Escrituras vemos que incluso a los cristianos se les instruye a dar de esta manera, libremente, porque "Dios ama al dador alegre" (2 Cor. 9:7). Incluso si los creyentes vendieran todas sus posesiones y las redistribuyeran entre la comunidad, esto no probaría que el socialismo sea bíblico, ya que el Estado no es el agente que vende propiedades a los necesitados. También hay muchos indicios de que los derechos de propiedad privada todavía estaban en vigor, por lo que esto ni siquiera se consideraba socialismo si el término se usara para referirse a un sistema regulado de propiedad comunitaria.

La Narración No Era una Orden Universal

Para probar que Hechos 2-5 ordena el socialismo, usted debería demostrar que este precedente histórico es una prescripción obligatoria para todos los cristianos posteriores. No puede obtener el imperativo (todos los cristianos deben hacer esto) de lo indicativo (algunos de los primeros cristianos hicieron esto). El hecho de que algunos cristianos compartieron todas las cosas no constituye un mandato de que todos los cristianos deben seguir su ejemplo, porque no se enseña claramente en pasajes de las Escrituras en otros lugares.

R. C. Sproul explica cómo los cristianos deben interpretar las narraciones bíblicas a través del lente de una enseñanza cristiana más amplia: "Debemos interpretar los pasajes narrativos de las Escrituras mediante las porciones didácticas o de "enseñanza". Si tratamos de encontrar demasiada teología en los pasajes narrativos, podemos fácilmente ir más allá del punto de la narrativa hacia graves errores".[45]

La participación comunitaria en Hechos 2-5 no fue la práctica de la iglesia primitiva en el resto del Nuevo Testamento, por lo que está claro que esta práctica no es un mandato obligatorio. Por lo tanto, incluso si Hechos 2-5 fuera socialismo, no tendría nada más que interés histórico para los creyentes posteriores y no tendría poder vinculante sobre la iglesia posterior.

Ciertamente, el intercambio comunitario ilustrado en Hechos 2-5 fue una hermosa imagen de generosidad y amor. Pero es imposible demostrar que estos pasajes enseñan el socialismo dada su naturaleza temporal, voluntaria y estrictamente narrativa.

Lea el artículo completo del Dr. Lindsley sobre este tema en https://tifwe.org/resource/does-acts-2-5-teach-socialism/.

CAPÍTULO 16

EL PROGRESO, SEGÚN C. S. LEWIS

Hemos visto muchos avances en la ciencia, la tecnología y la medicina que han demostrado ser beneficiosos e incluso que pueden salvar vidas. Pero C. S. Lewis advirtió que no podemos dar un cheque en blanco al "progreso" en sí mismo. Después de todo, algunos progresos conducen a la enfermedad más que a la salud.

Una historia de *La Travesía del Viajero del Alba*, el quinto libro de la serie *Las Crónicas de Narnia*, ilustra el tipo incorrecto de progreso. En el libro, el Rey Caspian se encuentra con Gumpas, el Gobernador de las Islas Solitarias. Gumpas le dice a Caspian que el comercio de esclavos practicado en su dominio es una "parte esencial del desarrollo de la isla". Caspian se opone a la práctica. Gumpas responde a sus objeciones afirmando que todos los indicadores económicos prueban su caso y que él tiene las estadísticas y los gráficos para respaldarlo.

"Por más tiernos que sean mis años", dice Caspian, "no veo que traiga a las islas carne o pan o cerveza o vino o madera o coles o libros o instrumentos de música o caballos o armaduras o cualquier otra cosa que valga la pena tener. Pero si lo hace o no, debe ser detenido".

"Pero eso sería retrasar el reloj", jadea el gobernador. "¿No tienes idea del progreso, del desarrollo?"

"Los he visto a ambos en un huevo", dice Caspian. "Lo llamamos mal en Narnia. Este intercambio debe terminar".[46]

La respuesta de Caspian refleja la opinión de Lewis de que no todo progreso es bueno. El comercio de esclavos recientemente desarrollado fue un ejemplo de "progreso" en una dirección que conduciría a la podredumbre.

A veces necesitamos retroceder para seguir adelante. G. K. Chesterton dijo: "El desarrollo real no es dejar las cosas atrás, como en una carretera, sino extraerles la vida como una raíz".[47] Aunque algunos objetarían que mirar hacia atrás en busca de sabiduría es como hacer retroceder el reloj a un siglo anterior, Lewis responde a esta objeción en su libro *Mero Cristianismo*:

> Todos queremos el progreso. Pero el progreso significa acercarse al lugar en el que desea estar y, si ha dado un giro incorrecto, seguir adelante no lo acerca más. Si está en el camino equivocado, el progreso significa hacer un giro y caminar de regreso al camino correcto; y en ese caso, el hombre que regresa antes es el hombre más progresista. Todos hemos visto esto cuando hacemos aritmética. Cuando he empezado una suma de forma equivocada, cuanto antes lo admita y vuelva y comience de nuevo, más rápido subiré. No hay nada progresivo en ser obstinado y negarse a admitir un error. Y creo que, si nos fijamos en el estado actual del mundo, es bastante claro que la humanidad ha estado cometiendo algunos grandes errores. Estamos en el camino equivocado. Y si eso es así, debemos volver. Regresar es la manera más rápida de llegar.[48]

Ciertamente, nunca es sabio volver al pasado simplemente por su propio bien. El pasado a veces nos muestra cómo vivir y otras veces cómo no vivir. El proverbio clásico es válido: si no aprendemos de los errores de la historia, estamos condenados a repetirlos.

C. S. Lewis no tenía miedo de ser llamado anticuado o desactualizado. En "*De Descriptione Temporum*", su discurso inaugural en su cátedra en Cambridge, Lewis afirmó ser más parte del antiguo orden occidental que del actual *post-cristiano*. Reconoció que, si bien su perspectiva puede parecer que lo descalifica de tener algo importante que decir, también podría ser una calificación positiva. Él admitió: "Usted no quiere ser enseñado sobre dinosaurios por un dinosaurio". Por otra parte, Lewis sugirió que "donde yo fracase como crítico, puedo ser útil como espécimen. Me atrevería a ir más lejos... Yo diría, use su espécimen mientras pueda. No van a haber muchos más dinosaurios".[49]

Lewis también tenía mucho que decir sobre el "progreso" en la economía y la política, a pesar de que a menudo no comentaba sobre estos temas. Cuando *The Observer* lo invitó a finales de la década de 1950 a escribir un artículo sobre si el progreso era incluso posible, tituló su contribución "Los esclavos voluntarios del Estado de Bienestar".[50] El título en sí mismo indica su mensaje aleccionador.

En el ensayo, él alienta el progreso en "aumentar la bondad y la felicidad de las vidas individuales". Sin embargo, agrega: "Progreso significa movimiento en una dirección deseada y no todos deseamos lo mismo para nuestra especie".

Lewis está especialmente preocupado por las tendencias en el Reino Unido durante la primera y la segunda Guerra Mundial de renunciar a la libertad por la seguridad. Dice que hemos crecido "aunque aparentemente a regañadientes, acostumbrados a nuestras cadenas". Advierte que una vez que el gobierno invade nuestra libertad, cada concesión hace más difícil "volver sobre nuestros pasos". Quizá la cita más sorprendente de este ensayo es el de la naturaleza de la felicidad que le gustaría ver. Lewis dice:

> Creo que un hombre es más feliz, y feliz de una manera más rica, si tiene "la mente libre". Pero dudo que pueda tener esto sin independencia económica, que la nueva sociedad está aboliendo. Para la independencia se permite una educación no controlada por el gobierno; y en la vida adulta es el hombre que no necesita y no le pide nada al gobierno que pueda criticar sus actos y chasquear los dedos ante su ideología. Leer Montaigne; esa es la voz de un hombre con sus piernas debajo de su propia mesa, comiendo el cordero y los nabos producidos en su propia tierra. ¿Quién hablará así cuando el Estado sea el maestro y el empleador de todos?

Note el deseo de Lewis de libertad, económica y política. Esta "independencia" económica permite que las personas libres coman sus propios "corderos y nabos". Esto se hace eco del pasaje clásico en Miqueas 4:4 que dice que "se sentará cada uno debajo de su vid y debajo de su higuera, y no habrá quien los amedrente".

Lewis está especialmente preocupado por el advenimiento de un estado de bienestar mundial y ve la tentación de aceptarlo. Renunciar a la libertad por la seguridad es un "pacto terrible" que es tan tentador que "no podemos culpar a los hombres por hacerlo". Difícilmente podemos desear que no lo hagan. Sin embargo, difícilmente podemos sostener lo que deben hacer". A pesar de la tentación, si las personas hacen este trato, la pérdida de la libertad llevará a la "frustración total" y a los "resultados desastrosos, tanto morales como psicológicos".

La tentación de entregar nuestro destino al Estado a menudo ignora la comprensión de que algunos se harán cargo de otros. Estos simplemente serán hombres y mujeres, "ninguno perfecto; algunos codiciosos, crueles y deshonestos". Cuanto más controla nuestras vidas la gente del gobierno, más tenemos que preguntarnos "¿por qué esta vez el poder no debe corromperse, como siempre lo ha hecho antes?"

Lewis cree que deberíamos ser progresivos si eso conduce a una mayor felicidad. A veces, sin embargo, tenemos que retroceder para avanzar, hacer retroceder el "reloj" o hacer una vuelta en el camino equivocado para encontrar el correcto. No debemos temer que nos llamen obsoletos, pasados de moda o incluso "dinosaurios".

A veces necesitamos ir a popa a toda velocidad para avanzar. Si vemos que hemos comenzado mal, debemos comenzar de nuevo. En la vida personal, esto significa arrepentimiento. En la vida pública, significa proteger nuestras libertades y rechazar el poder del "estado de bienestar", para que no estemos cada vez más limitados en nuestra capacidad de elegir lo que queremos hacer y ser. ■

NOTAS FINALES

[1] Os Guinness, *The Call: Finding and Fulfilling the Central Purpose of Your Life* (Nashville, TN: Thomas Nelson, 2003), 29, 31.

[2] C. S. Lewis, *The Weight of Glory* (HarperOne, 2001), 45.

[3] Al Wolters, *Creation Regained* (Grand Rapids: Eerdmans, 2005), 57.

[4] Tim Keller, "Our new global culture: Ministry in urban centers," Redeemer City to City, article adapted from handout at Redeemer Global Network Conference, 2005, 18. http://theresurgencereport.com/www.copgny.org/files/Movement%20Day/Ministry_In_Urban_Centers.pdf. Accedido el 14/2/19.

[5] http://simainternational.com/powered-by-sima/.

[6] Jonathan Edwards, Henry Rogers, Sereno Edwards Dwight, and Edward Hickman, *The Works of Jonathan Edwards, A.M.* (W. Ball, 1839), 391.

[7] Tim Keller, essay "What's so great about the PCA?" (June, 2010), 25. https://barkerproductions.net/what_pca.pdf. Accedido el 14/2/19.

[8] "Books of the Century," *Christianity Today*, April 24, 2000. https://www.christianitytoday.com/ct/2000/april24/5.92.html. Accedido el 14/2/19

[9] From a letter to the editor of *The Canadian C. S. Lewis Journal*, cited in *In Search of C. S. Lewis*, ed. Stephen Schonfield (South Plainfield, NJ: Bridge Logos Foundation, 1983), 163-164.

[10] C. S. Lewis, "Bluspels and Flalansferes: A Semantic Nightmare," *Selected Literary Essays* (Cambridge: Cambridge University Press, 1969). http://pseudepigraph.us/wp-content/uploads/2015/07/CSL-Bluspels-and-Flalansferes.pdf. Accedido el 14/2/19.

[11] C. S. Lewis, *The Weight of Glory* (New York: Harper Collins, 2009), 26.

[12] C. S. Lewis, *Surprised by Joy* (New York: Harcourt Brace, 1984), 181.

[13] Ibid, 170.

[14] William Diehl, *Christianity and Real Life* (Philadelphia: Fortress, 1976), v.

[15] Hugh Whelchel, *How Then Should We Work? Rediscovering the Biblical Doctrine of Work* (McLean, VA: Institute for Faith, Work & Economics, 2012), 108.

[16] E. F. Harrison, *The Expositor's Bible Commentary*, vol. 10 (Grand Rapids: Zondervan, 1976), 136.

[17] John Murray, *The Epistle to the Romans*, (Grand Rapids, Eerdmans, 1968), 152.

[18] Harrison, 136-7.

[19] Alyssa Edes, "Whole Foods CEO says business is 'under attack,'" bostonglobe.com/business/, Feb 7, 2013. https://www.bostonglobe.com/business/2013/02/07/whole-foods-ceo-john-mackey-says-business-under-attack/JEH6IhfqPXHWn6JA228doN/story.html. Accedido el 14/2/19.

[20] Cited in Art Lindsley, *C. S. Lewis's Case for Christ: Insights from Reason, Imagination and Faith* (Downers Grove, IL: InterVarsity Press, 2005), 181.

[21] C. S. Lewis, *English Literature in the Sixteenth Century* (Oxford: Clarendon Press, 1954), 188.

[22] C. S. Lewis, *Mere Christianity* (San Francisco: Harper-Collins, 2001), 226-227.

[23] C. S. Lewis, *Problem of Pain* (New York: Macmillan, 1969), 145.

[24] C. S. Lewis, *The Weight of Glory*, 26.

[25] Walter Kaiser, "Ownership and Property in the Old Testament Economy," The Institute for Faith, Work & Economics, Resources, Sept 12, 2012. https://tifwe.org/resource/ownership-and-property-in-the-old-testament-economy/. Accedido el 14/2/19.

[26] Karl Marx and Friedrich Engels, *Marx/Engels Selected Works*, Vol 1, Manifesto of the Communist Party, Chapter II: Proletarians and Communists (Moscow: Progress Publishers, 1969), 98-137.

[27] Hernando de Soto, *Why Capitalism Triumphs in the West and Fails Everywhere Else* (New York: Basic Books, 2000).

[28] John R. Schneider, *The Good of Affluence: Seeking God in a Culture of Wealth* (Grand Rapids: Eerdmans, 2002), 218.

[29] Hernando de Soto, *Capitalism*, 15.

[30] C. S. Lewis, "The Inner Ring," a Memorial Lecture at King's College, University of London, 1944. https://www.lewissociety.org/innerring/. Accedido el 14/2/19.

[31] Ibid.

[32] Ibid.

[33] Ibid.

[34] Ibid.

[35] Ibid.

[36] https://www.forbes.com/sites/erikkain/2011/10/05/could-national-debt-forgiveness-help-kickstart-the-american-economy/#30eb2a50289a. Accedido el 14/2/19.

[37] https://www.reuters.com/article/us-haircut/special-report-a-great-haircut-to-kick-start-growth-idUSTRE79125J20111003. Accedido el 14/2/19.

[38] https://www.huffingtonpost.com/2011/10/05/occupy-wall-street-demands_n_996539.html. Accedido el 14/2/19.

[39] Derek Tidball, *The Message of Leviticus* (Downers Grove, IL: InterVarsity Press, 2005), 296.

[40] R. K. Harrison, *Leviticus* (NICOT) (Grand Rapids: Eerdmans, 1979), 317.

[41] Gregory Paul, "From Jesus' socialism to capitalistic Christianity" washingtonpost.com/onfaith, August 12, 2011. https://www.onfaith.co/onfaith/2011/08/12/from-jesus-socialism-to-capitalistic-christianity/10731?noredirect=on. Accedido el 14/2/19.

[42] Craig Blomberg, *Neither Poverty or Riches: A Biblical Theology of Possessions* (Downers Grove, IL: InterVarsity Press, 1999), 162, 165.

[43] Ibid, 165.

[44] John Stott, *The Message of Acts* (Downers Grove, IL: InterVarsity Press Academic, 1994), 83-84.

[45] R. C. Sproul, *Discovering the God Who Is: His Character and Being, His Power and Personality* (Ventura, CA: Gospel Light Publications, 2008), 116.

[46] C. S. Lewis, *The Voyage of the Dawn Treader* (New York: HarperCollins, 1980), 61-62.

[47] G. K. Chesterton, *The New World: College Readings in English* (London: Macmillan, 1920), 120.

[48] C. S. Lewis, *Mere Christianity*, 28-29.

[49] C. S. Lewis, "De Descriptione Temporum," *Essays in Criticism*, Vol. VI, Issue 2, 1 April 1956. https://archive.org/details/DeDescriptioneTemporum/page/n5. Accedido el 14/2/19.

[50] C. S. Lewis, "Is Progress Possible? Willing Slaves of the Welfare State," *The Observer*, July 20, 1958. http://liberty-tree.ca/research/willing_slaves_of_the_welfare_state. Accedido el 14/2/19.

SOBRE EL AUTOR
ART LINDSLEY, PHD

El Rev. Dr. Art Lindsley es el Vicepresidente de Iniciativas Teológicas en el Instituto para la Fe, el Trabajo y la Economía (IFWE), donde supervisa el desarrollo de una teología que integra la fe, el trabajo y la economía. También es miembro principal del Instituto de Ginebra (GILPP) y está a cargo de la esfera del gobierno para Transform World 2020. Antes de ocupar el cargo en IFWE, el Dr. Lindsley se desempeñó como Presidente en el Instituto C. S. Lewis donde él continúa sirviendo como un miembro. Tambien fue Director de Ministerios Educativos en el Centro de Estudios Ligonier Valley y Especialista en Personal de la Coalición para la Difusión Cristiana en Pittsburgh, Pennsylvania.

Es editor y colaborador de *Counting the Cost: Christian Perspectives on Capitalism* (Abilene Christian University Press, 2017), y *For the Least of These: A Biblical Answer to Poverty* (Zondervan, 2015), de IFWE. La investigación clave del Dr. Lindsley en estos libros trata de dos pasajes bíblicos que se usan comúnmente para promover el socialismo, Levítico 25 y el tema del Jubileo, y Hechos 2-5.

También es el autor de *C. S. Lewis's Case for Christ, True Truth,* and *Love, the Ultimate Apologetic*. Es coautor con R. C. Sproul y John Gerstner de *Classic Apologetics*, y con frecuencia escribe artículos sobre la teología, la apologética, C. S. Lewis y las vidas de muchos otros autores y maestros.

El Rev. Dr. Lindsley obtuvo su Licenciatura en Ciencias Químicas de Seattle Pacific University, Maestría en Divinidades del Seminario Teológico de Pittsburgh y un Ph.D. en Estudios Religiosos de la Universidad de Pittsburgh. El Rev. Dr. Lindsley y su esposa Connie tienen su hogar en Arlington, Virginia, Estados Unidos. ■

SOBRE EL INSTITUTO PARA LA FE, EL TRABAJO Y LA ECONOMÍA

El Instituto para la Fe, el Trabajo y la Economía™ (IFWE) es una organización de investigación cristiana sin fines de lucro, comprometida a la promoción de principios bíblicos y económicos que ayudan a las personas a encontrar satisfacción en su trabajo y contribuyen a una sociedad libre y floreciente.

La investigación de IFWE comienza con la creencia de que la Biblia, como la Palabra de Dios inerrante, proporciona la base autorizada e intelectual para una comprensión adecuada del trabajo y las verdades económicas que, cuando se siguen adecuadamente, pueden ayudar a los individuos, las empresas, las comunidades y las naciones a florecer.

La investigación de IFWE se basa en tres principios básicos:
- Cada persona es creada a la imagen de Dios y, al igual que él, tiene el deseo de ser creativo y de encontrar **el cumplimiento** de sus talentos dados por Dios a través del trabajo.
- Todo trabajo, ya sea remunerado o voluntario, es importante para Dios, y nosotros, como cristianos, estamos llamados a buscar la excelencia durante toda la semana, no solo los domingos, a cargo de todo lo que se nos ha dado para la gloria de Dios y para **el florecimiento** de la sociedad.
- Por lo tanto, como ciudadanos, debemos promover un entorno económico que no solo nos brinde **la libertad** de seguir nuestros llamamientos y prosperar en nuestro trabajo, sino que también refleje la dignidad inherente de cada ser humano.

Nuestro deseo es ayudar a los cristianos a ver su trabajo dentro del panorama más amplio de lo que Dios está haciendo en el mundo. No solo ayudamos a los cristianos a encontrar satisfacción personal, sino que también los ayudamos a entender cómo aliviar mejor la pobreza, abordar la codicia y ver las posesiones de manera adecuada. Con una visión bíblica del trabajo y la economía, podemos asociarnos para ser participantes significativos en el plan de Dios para restaurar el mundo, como es su intención. ■

¡Lea más sobre cómo vivir su fe en el trabajo!

"...un libro que debe ser leído por todos los cristianos, subrayado y referenciado con frecuencia y luego entregado a todos sus conocidos".

— STEVE BROWN
Locutor de radio, profesor de seminario, autor y fundador de Key Life Network

25% DE DESCUENTO
¡AL ORDENAR LA LIBRERÍA COMPLETA DE IFWE!

USE EL CÓDIGO DE CUPÓN **BTF25**
STORE.TIFWE.ORG

COMIENCE AQUI

El Instituto para la Fe, el Trabajo y la Economía ofrece muchos recursos para ayudarle a vivir una vida de libertad, plenitud y prosperidad. Estas herramientas están diseñadas para adaptarse a su vida y proporcionar estímulo y orientación bíblicos para su caminar con Dios.

BLOG
Reciba nuestras actualizaciones diarias o semanales de nuestro blog en su bandeja de entrada.
BLOG.TIFWE.ORG

INVESTIGACIÓN
Descargue gratuitamente estudios en profundidad para mejorar su comprensión de la fe, el trabajo y la economía.
RESEARCH.TIFWE.ORG

SOCIALIZAR
Conéctese con IFWE en las redes sociales y únase a la conversación.
FACEBOOK.COM / FAITHWORKECON
TWITTER.COM / FAITHWORKECON

LIBRERÍA
Reciba nuestros últimos lanzamientos y productos educativos.
STORE.TIFWE.ORG

DONAR
Hágase socio para hacer prosperar.
DONATE.TIFWE.ORG

PARTICIPAR
Encuentre información sobre grupos de estudiantes, próximos eventos y otras oportunidades para participar.
CONNECT.TIFWE.ORG

www.ingramcontent.com/pod-product-compliance
Lightning Source LLC
Chambersburg PA
CBHW061336040426
42444CB00011B/2956